销售圣经

终极销售资源

[美] 杰弗里·吉特默（Jeffrey Gitomer）◎著
杨洁 杨帆◎译

SALES BIBLE

The Ultimate Sales Resource

中信出版社·CHINACITICPRESS ·北京·

“Nothing happens until a sale is made.”

– Red Motley, 1946

“成交前一切都是空谈。”

——里德 · 默特利（Red Motley），1946

“Most people aren’t willing to do the hard work it takes to make selling easy.”

– *Jeffrey Gitomer*

“多数人都不愿做繁琐的工作，即便这会让销售过程简单很多。”

——杰弗里·吉特默

图书在版编目（CIP）数据

销售圣经 /（美）吉特默著；杨洁，杨帆译．—北京：中信出版社，2015.3（2022.6重印）
书名原文：The Sales Bible
ISBN 978–7–5086–4862–0
I. ①销… II. ①吉…②杨…③杨… III. ①销售学 IV. ①F713.3
中国版本图书馆CIP数据核字（2014）第233165号

销售圣经

著　　者：[美]杰弗里·吉特默
译　　者：杨　洁　杨　帆
插　　画：方　芳
策划推广：中信出版社（China CITIC Press）
出版发行：中信出版集团股份有限公司
（北京市朝阳区惠新东街甲4号富盛大厦2座　邮编　100029）
（CITIC Publishing Group）
承 印 者：中国电影出版社印刷厂

开　　本：787mm×1092mm　1/16　　印　　张：26.5　　字　　数：187千字
版　　次：2015年3月第1版　　印　　次：2022年6月第32次印刷
京权图字：01–2014–5908
书　　号：ISBN 978–7–5086–4862–0 / F · 3277
定　　价：69.00元

小引语，大意义

“人们不喜欢被推销，但是愿意主动购买。”

——杰弗里·吉特默的《销售红宝书》

“销售中最难的问题是那些需要你自问自答的问题。”

——杰弗里·吉特默的《销售解决方案红宝书》

“如果全部条件一样，那么人们喜欢同自己的朋友做生意。如果有些条件不一样，人们仍然喜欢同自己的朋友做生意。”

——杰弗里·吉特默的《人际关系黑宝书》

“谈论和询问与他们有关的事情，他们就能更喜欢你。”

——杰弗里·吉特默的《随心所欲绿宝书》

“言语背后的思想显示了你的态度。”

——杰弗里·吉特默的《乐观态度金宝书》

“当客户准备好购买时，他们就会打开钱包。掏光它。”

——杰弗里·吉特默的《发财致富白金手册》

“I want to dedicate this book and issue a special ‘thank you’ to every prospect who ever told me no.”

– *Jeffrey Gitomer*

“谨以此书献给曾经拒绝过我的潜在客户，并向他们致以诚挚谢意。”

——杰弗里 · 吉特默

我刚做成了一笔交易！

您是我的新客户。

感谢您购买此书。

感谢您的支持与惠顾。

通过演讲、每周专栏、电子杂志《销售咖啡因》（*Sales Caffeine*）、在线培训业务以及文字作品，我为所有的客户服务，并希望实现以下三个目标：

1. 帮助他人。
2. 建立长期关系。
3. 享受乐趣。

撰写此书时，我的心里有一个目标——希望您能从中获益良多，以至于您会忍不住向十位同事和朋友推荐购买此书。如果我的目标在您的身上实现了，请告知我。

正是因为有包括您在内的所有尊贵客户，我才能有机会做我喜欢做的事情。

销售。写作。
演讲。培训。

诚挚谢意！

Jeffrey Gitomer's 10.5 COMMANDMENTS of Sales Success

杰弗里 · 吉特默
推荐促成销售成功的 10.5 条戒律

1. 思考。
交易在你的脑袋里。

2. 信仰。
创建一个四位一体、坚不可摧的信仰体系。

3. 交流。
除非已经建立良好的个人关系，否则不要涉及销售话题。

4. 发现。
客户购物是基于自己的理由，而非你的理由，因此需要首先确定他们的理由。

5. 提问。
错误的提问引出错误的答案。

6. 观察。
你的观察能力需要同你的销售能力和倾听能力同样强大。

7. 勇气。
要有敢于冒险的勇气。

8. 承担。
如果交易未能达成，确定失败的原因。

9. 赢取。
销售是为了建立长期关系，而非赚取佣金。

10. 佐证。
一位客户的现身说法远比 100 场销售演讲更有效。

10.5. 日积月累。
你无法一天变成销售大师，需要日积月累。

ONE MORE COMMANDMENT...

杰弗里·吉特默推荐
促成销售成功的10.5条戒律

掌握销售技巧的指导原则

1. 思考。交易在你的脑袋里。

相比于销售过程中的其他因素而言，你以何种心态进行销售最能决定最终成败。调整心态，做到胸有成竹。友好、微笑、热情、积极、自信、沉着、有亲和力、充分准备以至于都感觉不到紧张。早在最终成交之前，销售计划一早就在你的头脑里成形了。

在上门推销前，你可能在想："这笔业务不理想，这次很有可能不能成交。尽管这有点儿浪费时间，但是管它呢，试一试吧。"你肯定这样想过。每个销售人员类似的经历都不下100次。

你可能还有相反的经历。上门推销时心里想着："这是个大客户。他们需要我的东西，他们喜欢我的东西，甚至他们也喜欢我。这笔交易已是我的囊中物。"

不管是哪种情形，你上门推销时的心态就已经决定了可能出现的结果，同时也决定了你的态度、热情，并且你心中所想也正转化为行动与现实。

事实上，每个销售人员都有做不成的交易，但这并不意味着上门销售时你在心中可以对自己有所怀疑，认为无法达成这笔交易。你是最好的，你的客户需要你，并不是因为你的价格最低，而是因为你的质量最好。

销售前调整心态的方式因人而异。就我而言，我总是会做好充分准备，这其中包括设想好以怎样的方式第一时间接触到客户。同时，在进入客户的办公室前，我会一直听摇滚乐。在我早期从事销售工作的日子里，我还会看一些励志读物。

在 20 世纪 70 年代，我最喜欢的两本书是厄尔 · 南丁格尔（Earl Nightingale）撰写的《最奇妙的秘密》（*The Strangest Secrets*）和丹尼斯 · 威特利（Denis Waitley）撰写的《成功心理学》（*The Psychology of Winning*）。这两本书都促使我不断反省，自我激励。而转换到现实中，就是我一直为客户着想。

久而久之，我意识到按照服务好客户的标准做好充分准备会使我沉着冷静，而倾听音乐又让我自我感觉良好，同时也便于我掌握好销售节奏。音乐和准备工作帮助我调整好了心态。我迫不及待，欢欣雀跃，确信自己将会拿下这笔交易。时至今日，我依然保持着这样的习惯。

行动：在接下来的 100 次约访中（没错，我说的是 100 次），记录下可能发生的好事及你所期待的积极结果。而在约访结束时，记录下可以改善的地方。

必胜的信念是以自信为基础，而自信则取决于事前准备。心存必胜之念，并以此指引你的成功之道，日积月累，坚持不懈，将有助于你日渐**精于此道**。现在的日常练习将最终铭刻于你心中。我同样经历过这个过程，我相信你的身上也会发生相同的变化，但前提是必须持之以恒。

思维技巧：掌控思维过程及培养必胜信念有秘诀。“杰斐逊飞机”摇滚乐队成员格雷斯 · 斯利克（Grace Slick）所创作的不朽歌曲做了很好说明：“思考，思考，再思考。”

接下来的9.5条戒律将指引你学会如何发展客户关系，并最终取得成功——不仅仅是达成一笔交易。这些核心原则——戒律——都是构筑成功销售的基石。

这些戒律彼此互联，构成了一个密不可分的整体。要想掌握技巧并取得预期中的结果（包括成功与金钱），你必须学习并遵循全部10.5条戒律。在这里，我向大家保证成功并不仅仅是可能的，而是肯定的——只要你心存必胜之念。

“我认为我能行，我认为我能行。”
摘自《冒烟的小火车》
（*The Little Engine That Could*）
沃蒂 · 派珀（*Watty Piper*），*1930* 年

2. 信仰。创建一个四位一体、坚不可摧的信仰体系。

相信你的公司、你的产品及你自己，否则你不可能达成任何交易。

相信你的产品会让客户生活得更美好。要知道世界上最重要的那个人是谁——就是你自己！

你的信仰体系最终决定你的命运。这不仅适用于你的销售过程，而且同样适用于你的职业发展。在每次培训中，我都会谈及信仰。而在我所撰写的每本书中，我亦会写到信仰。即便如此，仍有数以千计——甚至百万计的销售人员没有任何信仰，他们只相信达成交易后所赚到的钱。如果你想在事业上有所建

树，你必须相信你所代表的公司。你必须相信你所属的公司是市场上最好的公司，你所销售的，它所生产或提供的产品为同类中最好。你要认同它的经营理念，信任你的同事，同时相信公司提供的产品足以培养忠实的客户。

你需要相信你所提供的产品和服务不仅是市场上最好的，而且对客户而言也是最有价值的。你需要相信自己能从竞争者中脱颖而出，并且可以证明（通过用户反馈）你的产品名副其实。

你肯定经常听人说，推销员首先要把自己推销出去。换句话说即是，客户只有在接受了你之后，才可能接受你的公司、你的产品或服务。要想这一点成为现实，你必须要相信自己。而要想达成这笔交易，你需要首先把自己推销出去。

当你试图向客户传达信息、与他们交流或者向他们推销产品时，你的这种自我信念将决定你的激情及自信。而这种自我信念正是始于我在戒律一中所提到的心态。如同成竹在胸的销售方案一样，你的信念也在你的头脑中。

然而，将信仰的前三个因素（公司、产品和自我）连接在一起的黏合剂却是首先要相信客户自你处购买产品可以改善自己的生活。你及你的产品能极大提升客户所得的价值、生产率、便捷性、获利能力及感知收益，这远非你的竞争者可以比拟。

行动：记下四个关于“为什么”的问题。为什么我会相信我的公司？为什么我会相信我的产品和服务？为什么我会相信自己？以及为什么我会认为购买我的产品能改善客户的生活？

要想**熟练掌握**信仰这条戒律，可以在每次拜访客户时询问他们因何信任你、你的公司、你的产品及为何自你那儿购买。

完全掌握信仰这条戒律则需要时间。创建信念体系需要同时整合你的感觉、你所属公司的执行能力及你所售产品的性能。你的整个信念体系会随着成功经历的不断增加而日益深化。你的客户越喜欢你、你的产品及你的公司，你就会越愿意销售自己的产品，同时也会谈成更多的交易。你的客户——特别是喜欢你的客户——将帮助你进一步深化信念体系直至它坚不可摧。

3. **交流**。除非已经建立良好的个人关系，否则不要涉及销售话题。

运用诱敌深入原则。设法让潜在客户对你的谈话感兴趣，让他们围着你转。可以以提问方式开始交流，设法让他们开心起来，与他们建立朋友或者更亲密的私人关系，甚至如果可能的话，找到共同点。

从你踏入一扇门开始推销的时候，客户就已经开始审视你。正如一句古老的销售箴言所言："如果全部条件一样，那么人们喜欢同自己的朋友做生意；如果有些条件不一样，人们仍然喜欢同自己的朋友做生意。"私人关系的建立始于轻松愉快的氛围，而且通常是在友善的两人或多人之间。你无法控制对方的友善程度，但对自己却有百分之百的控制力。当踏入一扇门见到客户或约谈开始时，你很有可能要最先开口说话，而你的谈话内容将会为接下来的发展及整次约谈定下基调及氛围。如果你谈论天气、新闻、爆胎或者其他你遇到的麻烦，那么你会失去他人的尊重，失去建立私人关系的机会，同时也很不幸失去了这笔交易。

而且很有可能你会把失败的原因归咎于他人而非真正的"罪魁祸首"，其实始作俑者就是你。

不论是登门拜访还是电话约谈，谈话开始时我总会首先询问他们生活或长大的地方。这是因为我去过很多地方，所以在这两个方面很有可能我会找到一些话题，甚至是双方的共同点。

我之所以会问这样的问题，是因为它可以打开客户的话匣子（人们喜欢谈论自己），同时它也不具有威胁性或者有浓重的推销意味。这样的问题可以推动谈话在轻松愉快的氛围内展开。一旦我感觉我们之间已经建立起某种私人关系，我可能就会询问："你为何搬到了这里？"或者"你为何选择了这个行业？"

现在我的问题已经略显私人化了，但还不是很私人。我并没有打探对方的家庭、宗教或者政治倾向。当然，如果他们主动谈及家庭，那么我也很愿意同他们聊聊。然而，如果他们提及宗教或政治，那么我会努力试图用一句话避开这个话题。就个人而言，我的销售原则很简单。我不会展开任何有销售性质的谈话，除非我很确定他们已经准备好了，愿意坐下来听听我的介绍。

小贴士：见面会上最差劲的开场白就是上来就介绍你的经历、公司的背景或者你的产品。如果见面会规模比较大，那么很有可能你的潜在客户早已对你的公司及产品有所了解，甚至还有可能已经"谷歌"了你（就如同你会事先"谷歌"他们一样）。

有一件事情让我很惊讶——竟然有如此之多的销售人员认为只有他们会做售前调查。事实是，多数公司的购前调查几乎是销售人员售前调查的两倍。

诱敌深入的原则可以通过拳击比赛得到很好的说明。赛场上，两位拳手相互追逐，肘击、出拳，相互试探。终于机会来了，一位拳手瞅准了对手上身前倾的时候，狠狠打出一拳。这就是所谓的"诱敌深入，致命一击"战术。你的对手瞬间就会被击倒在地，不省人事。建立私人关系就是让你寻找客户"上身前倾"的一刻。当潜在客户已经拿起笔侧耳倾听，那么你再拿出销售合同递到他们笔下，他们一定会迫不及待地签下名字。

行动：回顾最近的几笔交易，并记录交易如何开始。当时的气氛是否友好？在谈及销售环节时，你是否感觉不自在？不管是登门拜访还是电话约访，非正式但有意义的话题都是合适的开场白。

熟练掌握：用一句话记录下每次约访的开场白。我敢保证，在最终达成交易的那些约访中，销售人员与客户都建立了良好的个人关系，甚至是找到了共同点。

完全掌握：如果你找到了与客户之间的共同点，而且每次电话约访或登门拜访时彼此都能开怀大笑，那么这就说明你已经完全掌握了建立个人关系的技巧。这样做的目的并不仅是为了拿下当前这笔交易，同时还在于建立了个人友谊及关系网，而这在未来将转化成更多的交易和推荐机会。

4. 发现。客户购物是基于自己的理由，而非你的理由，因此需要首先确定他们的理由。

这条戒律还可以换个说法，即“**人们不喜欢被推销，但喜欢购物**”。销售成败的细微差别正是在于是否可以找到客户因何购买。“他们为什么买”远比“如何卖”更为重要。明确客户“因何购买”是确定他们真实需求的基础。对于达成交易而言，他们的购买动机（因何而买）比你的销售技巧重要十亿倍。深入了解所售产品的卖点需要基于客户的购买需求，而非你的销售需求。他们想知道的是自己如何实现生产、获利和成功，而非关于你的点点滴滴。

人们根本不会关心你在做什么，除非他们认为这会对他们有所帮助。你展示业务和产品的方式将决定所售产品的卖点——要站在潜在客户而非自己的角度介绍卖点。

找到客户“购买原因”的最大好处就是，你将会因此从那些全力推销的竞争者中彻底脱颖而出。

以下列出了有关创造迫切需求和交易的几点建议，可供参考。客户的购买原因通常有如下几种：

经由他们的**购买动机**，你可以抓住这笔交易的关键，直达他们购买欲望的核心。通过提问获悉他们的过往经历、智慧、所有权和使用情况等，你就能掌握他们的购买动机。

当你开始提问有关动机的**问题**时，他们会将自己的故事娓娓道来。当你询问他们的过往经历时，回答肯定是一个故事。故事中将会包含多个重大线索，可以帮助你获悉他们的喜好、憎恶以及如何发展真正的个人关系。

由**过往经历**引出的故事可以说是好坏参半。你的工作就是努力去倾听、去理解，但是绝对不要打断他们。故事结束后，则要提出更多的问题。你提的问题越多，就越能获得关于下面两个动机的更多信息。

他们的**专业技能**源自过往经历。你的工作就是确定他们是哪一领域哪一级别的专家，以免自己以后在他们面前闹出班门弄斧的笑话。

关于动机及过往经历提问的最后一步，就是探索他们的**智慧**。询问他们都学过什么及如何应用所学，这样你就能探知他们的智慧。一旦你们深入到了智慧层面，就意味着牢不可破的个人关系已经建立。

他们的**需求**将会告诉你他们购买的急迫性。不过，在这之前你需要知道他们将如何通过使用你的产品获利，这与他们现在的业务有何联系，或者他们现在使用的是什么产品。

他们的**欲望**是销售过程中的感性部分。他们越想要你的产品，就会越想方设法去得到它（你也是这样）。

他们的**占有欲**与需求相似，但是多了些自豪感，即占有后的自豪。每个人都想拥有最好的，但并非所有人都愿意为最好的埋单。最终结果就要看销售人员的功夫了。

如果客户认为购买你的产品或服务后，他们将会赢得**竞争优势**，他们的求生欲会提升欲望和需求中的感性成分。

购买紧迫性中的另一个重要因素就是他们**想要解决**公司当前存在的问题或困境。他们越是认为你的产品能够“药到病除”，就越会更快购买。

除了想解决现有问题外，他们还存有**补救**心理，这两者有些相似。既然谈到补救，就意味着已经有损失发生，不管是物理损失，还是经济损失，又或是两者皆有。不过，即使是他们想补救重建，他们的做法也会谨慎很多。

他们的**激情**是他们感性成分中的最高表现形式。购买首先是情感上的冲动，然后才是寻找理性上的解释。你越能唤起他们的激情，他们就越愿意同你分享他们的激情，同时你就越有可能达成这笔交易。如果他们认为你也是个性情中人（或者是个有信仰的人），那么交易成功的可能性就会更大。

他们的**恐惧**与他们的激情密不可分。对损失的恐惧要远大于对获利的渴望。当然，他们想要击败竞争对手，但是比这更重要的是，他们更担心输掉竞争。一旦理解了这个动机，你就可以进入贪欲这个话题。

简而言之，**贪欲**就是指他们心中会计算你的产品或服务能给他们带来多少好处。在交谈过程中，潜在客户通常会进行所谓的“心算”，提前计算出他们可能获得的利润。一直以来，我都是让客户自己计算这个数字。这更具有说服力。

他们的**虚荣心**对他们而言很重要，尽管这对你来说毫无意义。当你在商场里试穿衣服时，你望着镜中的自己，很想知道自己穿起来的效果怎么样。就在此时，一个店员走过来说："你穿起来漂亮极了！"几乎就在同时，你的虚荣心得到了满足。你大笔一挥——"这个我要了！"

他们的**表现欲**与他们的虚荣心同样重要。简而言之，表现欲就是"我不能比同伴差"，换句话说就是"我的比你的大"或"我的比你的好"。我经常想，对美国最写实的描述应该是"自由之地，勇者之家"以及"我家的房子比你家的大"。

当他们知道已经拥有所需之时（即便他们可能当时并不会使用），他们的内心通常就会达到**平静**。最好的例子或许就是买保险，紧随其后的就是投资。基本原则就是，你越能让他们的内心达到平静，你的上门推销就越可能转化为他们主动购买。

他们的**预期结果**是个至关重要的因素，甚至或许是影响决策过程的最为重要的因素。在购买之后，他们期待会发生什么？他们将如何生产、如何受益、如何获利？他们是否确定将会实现目标？他们是否确信你提供的产品或服务与他们的预期一致？

小贴士：如果除了推销你别无选择，就不要说特点或优点了，直接说用后效果。

他们未曾言尽的**风险**是导致他们犹豫不决的主要原因。每次有人问我如何创造购买急迫性时，我都会告诉他/她，解决掉客户内心感知到但未曾告诉你的风险顾虑。要想探知这些因素，就需要多问几个"为什么"。

要想使客户打消隐藏的风险顾虑，必须要首先搞清楚**原因**。他们为什么会购买？他们又为什么不会购买？他们为什么犹豫？为什么他们会对你有所保留？你能找到越多关于这类问题的答案，你就越能打消他们的风险顾虑，同时你也就越能找到最终的真实原因。不过，提问方式要尽量委婉。例如，使用“是什么让你……”的句式，而非直接问“为什么你……”。

行动：参照刚才读过的这个单子，看一下有多少适用于你及你的销售经历。从最适用的开始，从下一个电话约访或登门拜访就开始付诸实施。看看你都能发现什么动机。

熟练掌握：当你认为自己发现了一个购买动机时，立即把它写下来，并且存到一个名为“动机”的文件夹中。用不了几个月，你就会发现所有的动机，并且轻而易举地认出他们。依照动机采取相应措施，修改销售宣传材料，使其包括客户的购买原因。

完全掌握购买动机需要时间，同时动机也会随市场发生变化。你的工作就是掌握所有动机，并且了解每个动机的相关风险。当你可以确认并且成功打消客户不愿说明的风险顾虑时，你就掌握了动机这条戒律。控制风险不是一种单纯的技巧，而是一种销售技巧。

5. **提问**。错误的提问引出错误的答案。

事实：提问是销售的核心。

事实：提问促成了由销售人员推销向客户主动购买的转变。

事实：提问有助于揭露真实的购买过程和动机。

事实：有关提问的多数现有论述都是错误的——不过，我希望你的竞争对手就是在通过它们学习提问。

在设计和提出问题时，既要让潜在客户考虑个人需求，也要让他们给出你想要的答案。引导他们评估新的信息，促使他们说出对于所售产品或服务以及使用方法的具体想法。

通过提问，你可以了解他们如何看待拥有所售产品后所得到的价值和好处。提问需精心设计，以便在竞争中脱颖而出，否则你就会在竞争中处于不利地位，甚至你的潜在客户也会因此产生厌烦和排斥心理。

经常询问潜在客户的看法。这不仅有助于你了解潜在客户看问题的角度（这是唯一重要的事情），同时也是试探客户是否愿意成交的绝佳机会。

永远不要直接问："你看重什么？"，而是要通过提出其他问题迂回寻找这一问题的答案。

- 在向客户或者潜在客户提出问题前，可先试着问一下自己。
- 如果你不能回答下列问题，那么请先不要开始约访。
- 他们的业务受何影响？
- 他们去年过得怎么样？或他们现在过得怎么样？
- 购买和使用你的产品后，他们能如何提高赢利或产量？
- 促使他们购买的可能动机都有哪些？
- 跟你对话的人是谁？决策者还是需要事事请示的雇员？
- 他们当前的迫切需求是什么？
- 他们都有什么经历？

我读到也听说过很多"销售大师"告诉你不要做什么，例如不要带宣传手册或推销演示到约访现场。这完全是胡说八道。他们这是在告诉你不要做好准备，以便应付所有的可能性。如果你带着问题和想法，那么你尽可以和潜在客户相谈甚欢，没人会觉得你是个不速之客。

我希望你的问题可以给潜在客户留下深刻印象，同时也打开他们的心房，这样剩下的一切顺其自然即可。

行动：下次有销售约访时，

- 带上十个精心准备的问题。
- 带上对他们的背景调查。
- 带上对他们有帮助的好想法。

就这么做，提出这些问题，创造有意义的对话，与他们交流，这样最终你带走的将是属于你的订单。

而一切皆源于提问。

熟练掌握：你的提问方式将决定你的销售风格。提问方式需要每周改进，直到不断增加的成交充分证明这些提问是有效的。

我对完全掌握提问技能的定义就是，潜在客户对提问的反应是："问题太棒了。还从来没有人问过我这样的问题。"

本书对于提问还有更多的论述，但是首先我想让你知道问题至关重要，可以将推销转化成客户主动购买。

6. 观察。你的观察能力需要同你的销售能力和倾听能力同样强大。

如果你仔细观察，有一半的答案已经不言自明。我的《销售红宝书》里提到第十二条法则"竖起触角"，指的就是随时保持警惕，敞开心胸，这样当机会出现时，你就可以抓住它。“竖起触角”就是你观察能力的一部分。

所有人（包括我）都曾告诉你，当你走进他人办公室时，不妨四处看看，寻找线索、灵感和谈资。奖杯、照片和证书都可以是你观察的对象，同时也是你思考的对象。你要思考的关键问题就是：“这跟我有何关系？”或者更贴切地说：“我怎么能跟它发生关系？”

如果潜在客户有个保龄球奖杯，而你根本不会打保龄球，那么最好的做法就是避其不谈。然而，如果潜在客户的办公桌上放着一个哈雷摩托车模型，而你凑巧就有一辆哈雷摩托车或者是哈雷摩托车的粉丝，那么这就是很好的谈资。在这些示例中，线索都是显而易见的，相应采取的行动也是恰当的。

我曾读过一本短篇著作，题为“不言自明的线索：一个成功企业家的故事”。这本书几经再版，并且包含在了我在官网www.gitomer.com上列出的推荐书目中。这本书就谈到了观察及反思的力量，指出它们与个人及事业成功密不可分。也许，与你的成功也密不可分。读一读这本书，验证一下是否如我所说（记得一定要购买正版）。

如果用心，那么观察将引领你走向理解。回想一下你现在观察事物的方式。你是一眼瞥过还是会用心观察？你观察的时候是否在思考？你的观察是否促使你思考？你的观察是否开阔了你的思路？你的观察是否给了你灵感？如果对于所有这些问题，你的答案都是肯定的，那么可能你已掌握观察的力量。

单纯善于观察并不能产生任何力量。观察、思考、想到办法以及在观察后采取行动，这样你才能掌握力量。

观察还会创造洞察力，可以帮助你重新注意到你曾错过的某人或某事。

好消息是绝大多数人都不善于观察，因此你有直接优势。当我看到别人不会什么时，或者看到能产生新思路的灵感时，我总会感觉颇为良好。

行动：随身携带记事本，随时记下你观察到的点点滴滴。不仅要记录你看到了什么，也要记录你由此产生的灵感及反应，甚至还有你已经形成的想法。

要想熟练掌握观察力，就需要保持记录及思考的习惯始终如一。每天保持警惕，学会用心。

而完全掌握观察力既需要每天练习，也需要自律。晚餐时，有时朋友或客户会问我为何不饮酒。我的回答是："因为我是个作家，也是个思想家。"当然，我偶尔也会喝一杯红酒，但绝不喝第二杯，因为这会损害我的观察力和洞察力。酒徒和思想家，你只能二选一。

有一个有趣的练习。购买一套《福尔摩斯探案集》光盘。推荐巴兹尔·雷斯伯恩（Basil Rathbone）和奈杰·布鲁斯（Nigel Bruce）版本，因为其中包含了全部案件和角色。福尔摩斯展示了观察和思考的精华——演绎法。"聪明绝顶的福尔摩斯！""演绎法：我亲爱的华生"等都是很好的示例。把它们全看了——既能娱乐，也能增长见闻，还具有指导意义。

7. 勇气。要有敢于冒险的勇气。

勇气指的是要有胆量、进取心，要勇于打破陈规、有魄力，要有一些原始的冲动。当我们想赞美他人的勇气和功绩的时候，我们常会说："他有种。"这句话通常用来赞赏他人敢于冒险，具有大无畏的勇气。

你的冒险指数是多少？你愿为成功冒多大的风险？

这里谈的是你对风险的"容忍度"或"承受能力"。你愿意承受多少风险及你对风险的容忍能力将决定你是否愿意或接受伴随成功的风险。

就个人而言，冒险指的可能是买下一栋房子或投资一只股票。就销售而言，冒险指的可能是一个搞笑的语音留言、跟进一个有创意的约访或者一个打破陈规的报价方案，甚至是在还不能确定客户意向时，询问客户是否愿意成交。其实，冒险和销售是一组近义词。

我对俗语“零风险，零回报”进行了改编，发展成了我的一句口头禅“不冒险，什么都没有”。我之所以常说这句话，是因为对于所有专业销售人员而言，敢于冒险是他们能在销售上建功立业的一个必需基础。要想赢得回报，你必须要愿意承担风险。

你经常会听到有人说他们不想干销售或者他们干不了销售，原因就是他们无法承受其中的风险，包括种种未知及不确定性。或者说到底，他们无法应对随之而来的挑战。

我之所以使用“他有种”这个表述方法，是因为它以一种肯定的方式更清楚地描述了个人的冒险过程。简而言之，就是“尽全力争取”。你走到十米跳台的末端，看看脚下晃动的池水，不仅毫不犹豫地纵身跃下，而且还非常有种地喊道：“嗨，我来了！这是我第一次从十米跳台跳下。”

小贴士：如果你曾精心准备过五米跳台，那么很有可能你的十米跳台也会一次成功。不过，不管结果如何，每个人都会为你的勇气鼓掌。为你有种而鼓掌。

行动：就销售而言，每天都是“冒险日”。不论是冒昧给潜在客户打电话、面对面约访、降低销售门槛、议价、约访后跟进或者最后成交，每天的工作都需要冒险，需要将敢于冒险的精神付诸实践。勇气和行动并重，意识到风险并有种冒险。

从小处开始。从一些低级别的风险开始，渐入佳境。从一些冒昧的首次拜访开始，不仅要尝试突破守门人，同时也要有种设法直接见到决策人，询问他们是否愿意购买你的产品。尝试一下。

取得成功。成功孕育成功，同时也培养取得更大成功的自信。敢于承担更多的风险。询问对方是否愿意成交，最终成交，并且由此开始达成更多交易。

更大成功。本书提供了许多解决方案，而实施每个解决方案都需要勇气。你的尝试越多，就越容易成功。

熟练掌握：当你失败或被拒绝几次后，再次尝试约访就需要意志品质、恒心毅力及大无畏的勇气了。更努力一些，更有智慧一些，成功就在不远处。

实现完全掌握的必经之路：尝试新的销售理念和战略。每天都要尝试一件新鲜事物。向自己挑战，看何时能成功。

8. **承担**。如果交易未能达成，确定失败的原因。

如果潜在客户因为“价格”原因拒绝成交，那么是谁做错了？如果他们不回复你的电话，那么是谁做错了？如果他们决定从你的竞争对手处购买产品，那么又是谁做错了？你的错——是你未能成功“诱敌深入”。

重要贴士：不要自怨自艾，而是要为失败承担责任。从失败中学习，改进导致失败的方面。

指责别人或推卸责任很容易，而承担责任很难（有时根本做不到）。

每次事情出了问题，或者销售过程未按预期发展，你做的第一件事总是指责他人。潜在客户不想回复你的电话，他们不愿跟你订立约会，他们选了一个更低的报价，他们在选你后改变主意，却最终选择了你的竞争对手，你的公司提供的服务太差了，别人没做好自己的工作，甚至如果你约访迟到了，你还会埋怨你的车、交通状况或者天气。

这些无关紧要的指责在你的沟通交流过程中逐渐形成了一种模式，其作用不仅是负面的，还是毁灭性的，自我毁灭性的。如果每个销售人员因事情出了问题而指责别人时，我都能得到一毛钱或者一分钱，那么我早就是个大富翁了。

除了指责他人，你为何不尝试反思一下呢？反思之后记录下感想。

反思一下你当时是不是能做点儿什么改变你指责的人或事呢？你当时是否能阻止？你下次是否能阻止？结果是否会因为你改变一下当时的某句言辞而有所不同？反思一下对于你指责的人或事你现在是否能做些什么。你如何能将推卸责任的指责转化成勇于承担责任的建议呢？

例如，与其说“那家伙不回我的电话”，你可以说“如果我的语音留言能更有创意一点儿，也许那家伙就能回复我的电话了”，或者“如果我的语音留言能更有针对性、有意义一点儿，那么也许那家伙就能回复我的电话了”。停止指责他人，并不意味着你要自责。相反，这需要你为发生的一切承担责任，从中吸取教训。由此，指责转化成为责任，成为新的销售策略和解决方案，最终成为订单。

只留下一次指责的机会。“几乎没人回我的电话”“我约不到客户”等此类论述都需改进——需要大幅改进。人们回电话。人们在约会。他们只是没回你的电话，或者未与你订立约会。这除了是事实，还是机会。

行动：在指责转化为责任后，问自己以下问题：“我如何能阻止类似情况再次发生？”这需要一个集思广益的过程、一个创造性的再发现过程。与那些回复你电话及与你订立约会的客户聊聊，确定他们为何愿意与你联系，建立新的方法体系。

熟练掌握：运用你从客户处学习到的教训，使用他们提供的原因，创造新的角度和方法。

完全掌握：与客户建立定期约会，进行一对一或一对二（特别是如果两位客户之间有业务往来的话）会面。开展“有意义的对话”，确保他们的忠实度以及你能掌握他们喜欢你的原因。

个人建议：我更愿使用方法体系或战略这样的词语，而非想法或主意。想法或主意主要解决当期的问题，而方法体系或战略更有长期性。想法或主意重在控制，而方法体系或战略更强调长期关系的经营。销售中并无对错可言，因此也无需指责。销售中有的是承担责任以及抓住由此而来的短期和长期机会。

9. **赢取**。销售是为了建立长期关系，而非赚取佣金。

如果你达成一笔交易，你可以赢得佣金。如果你交下一个朋友，你可以赢得巨额财富。在销售中，你并不是赚钱，你是“赢得”钱。如果你销售是为了帮助客户，而非销售额达标，那么你将长期保持公司的销售记录。帮助客户发展、成功、生产及获利，你就会赢得订单。树立赢取的态度，还有助于你找到能将你推荐给他人的忠实客户，同时客户也会更愿意现身说法为你的产品宣传。

大部分销售人员使用的都是“赚取”或“获得”这样的字眼。我是个例外，我使用“努力工作赢得”这样的表述。我不认为你能获得一笔交易，我认为你是赢得了一笔交易。我不认为你是赚取了一笔佣金，我认为你是努力工作赢得了一笔佣金。我不认为推荐是你要来的，我认为推荐是你赢取的。客户的现身说法宣传也是如此。

仅通过一两个销售电话无法建立长期关系，然而你在这一两个销售电话里的言行举止则为发展可能的长期关系奠定了基础。你最初的友好、热情、准备工作（特别是你为客户提供的有意义的建议）及意志品质决定了你是否能与客户发展长期关系。

销售配额损害了长期关系的发展。我知道这一说法只是泛泛而谈，有一些人会持有异议。不过，我敢说你肯定有过这样的经历：已经接近月底或季度末尾，你的销售目标或配额还未达标，那么此时你第一个会放弃的肯定就是长期关系。

这是很愚蠢的做法，其道理类似在销售额下滑时，公司会削减营销和培训预算。在这个例子中，正确的做法应该是加倍而非减少预算。

如果你已经建立起长期关系，拥有忠实的客户，并且销售管道健全，那么你的销售额将非常具有预见性。然而，如果销售期结束时，你的销售管道仓位较低或者基本空仓，你只有一到两个优质的潜在客户，而你又必须要达成一笔交易，那么这时你就只能在自己的需求和客户的需求中二选一了。同时，你也需要在自己的需求和客户对你的认知中二选一。

如果客户意识到你“急需达成这笔交易”，他们就会退却，因为在你的焦虑和控制中不自觉地散发着毫无诚意的味道。

行动：看看你的销售目标，明确公司对你的预期是什么。回顾一下最近十次成交经历。

熟练掌握：致电你最好的十位客户，订立早餐或午餐约会。午餐期间，了解你的客户如何定义长期关系，询问他们认为跟你做生意的最大好处是什么。

完全掌握：一旦你知道客户如何定义长期关系，那么就是你在所有客户身上应用这些重要原则的时机了。

现实情况是：你在经营长期关系方面越努力，你就能赢得更多忠实客户，同时你也会更容易达成交易。大部分销售人员都不愿努力发展长期关系，即便这能使他们的销售简单起来。

10. 佐证。一位客户的现身说法远比 100 场销售演讲更有效。

客户现身说法是你为人处事方式的最实在的佐证。在克服拒绝方面，客户现身说法远比世上最优秀的销售员演讲更有效。你还能找到比客户现身说法视频更有效的佐证吗？你还能找到比客户现身说法视频更有效的打消客户疑虑的方式吗？当你有恰到好处的客户现身说法时，你能直接走进宣讲大厅，说："嗨，看看这个！"客户现身说法能达成销售人员无法搞定的交易。

在每次培训中，我都会问我的学员："你们当中有多少人在日常销售过程中会使用客户现身说法视频？"基本无人举手。我还会问："你们当中有多少人会在自己的网站上播放客户现身说法视频？"同样无人举手。我接着会问："你们当中有多少人会在自己的销售提案中加入客户现身说法视频以佐证自己论述的观点？"仍然无人举手。最后，我会问："你们当中有多少人认为客户现身说法视频会帮助你达成交易？"基本上所有学员都会举手。我不明白了：客户现身说法视频能帮助你达成交易，但是你们不用。哦，我明白了，制作客户现身说法视频需要花费时间。你是在等着别人（营销部门）给你制作视频吗？你知道营销部门的，他们只会给你一堆没什么用的幻灯片。既然这样，你还在等什么？

客户现身说法视频可用于广告宣传、网站展示、支撑销售提案、优化销售演示以及最终促使客户成交。

客户现身说法可以用来证明你对于自己为人处事及所售产品或服务性能的论述。客户现身说法视频是强有力的辅助工具。如果使用得当，客户现身说法视频就是销售中的大规模杀伤武器。

行动：找一台摄像机（或许你已经有一台），给你最好的五位客户打电话，告诉他们你想和他们吃个午饭。问问他们为何选择你及你的产品或服务，把他们的回答用摄像机记录下来。每周拍摄一位客户。现身说法需要尽可能具体。引导你的客户谈谈产品的性价比、产品如何提高了他们的生产率以及他们为何弃用你的一位竞争对手转而选择你。或者也可以让他们谈谈你所属公司的竞争优势，例如反应速度或售后服务等。一旦你把五个人的视频素材都收集齐了，就可以用视频编辑软件剪辑一下，使最后的成品视频更受欢迎。视频时长应保持在五分钟以内。带着视频出去，先试几次。也许起初几次，你会觉得有点儿不自然。不过，一旦你意识到视频的强大力量，它就会成为你销售过程中不可或缺的一部分。

熟练掌握了这条戒律后，你就可以在多个平台上使用现身说法视频。现身说法视频不仅可用于上门拜访时随身携带，也可在互联网或者广告宣传活动中使用。创新现身说法视频的使用方式不仅会增加你的销售额，还会坚定你对公司及所售产品的信心，也会提振内部士气。

完全掌握这条戒律后，你就可以将现身说法视频制作的更专业、更具体，不仅可以促成交易达成，还能消除竞争对手。尝试一下：下次有潜在客户要求看一下你的销售提案时，告诉他你的提案中的每个论述都有客户的现身说法加以佐证（可以证明你的所言及提案都完全真实），建议或要求你的潜在客户让你的竞争对手提供类似的提案。这不仅有助于你形成极大的竞争优势，同时也能将关注的焦点从价格转移至真正重要的地方——价值。

你今天都取得了哪些进步？

日积月累，每天进步一点点儿，朝着宏大的目标迈进一小步。每日保持自

10.5.
BECOME.

"You don't get great at selling in a day. You get great at selling day by day."

– Jeffrey Gitomer

10.5. 日积月累

"你无法一天变成销售大师，需要日积月累。"

——杰弗里 · 吉特默

律，大处着眼，小事做起

我的销售事业开始于七岁时，但是直到26岁时我才学会了第一个销售理论。在那之前，我从未意识到销售是一门科学。我的家人中从来没人提到这一点，尽管我家也算是一个有创业精神的家庭。我想当然地认为销售不外乎天分、口才及大无畏的勇气，但是我错了。

当我开始学习销售后，我就欲罢不能了。我读书、听录音、练习。每天都是如此，一直坚持到今天。1992年，我又加上写作。1993年，我再加上演讲。掌握销售这门科学，成为一名成功的销售员，需要花费几年的时间。时至今日，我依然在勤奋努力中。如果你想在销售事业上成功，你也要如此。

销售不仅仅是引导、订立约会及达成交易，甚至也不仅仅是所售产品及服务的质量。销售还涉及你是个怎样的人，你的态度如何以及你有多致力于追求个体卓越。你对自己的行为有多负责，你是否真诚地愿意通过帮助他人取得成功而实现自己的成功。销售不是一种想法或战略，而是一种哲学。

当你阅读或反复阅读《销售圣经》时，你会发现它植根于现实生活，源自一个销售员的内心。本书不讲理论。我写这本书是一个日积月累的过程，你的成功之路也应如此。

是的，成功有秘诀。是的，一旦摊开来说，这些秘诀显得一点儿都不神秘，无非是"本着帮助他人的原则进行销售""全力以赴"及"把价值摆在第一位"。

然而，有一个最大的公开的秘诀许多销售人员都无法做到，那就是日积月累，朝着最终成就一步步迈进。

现在我已经将10.5条戒律尽数传授给你，你的任务就是成为一名学者。研究它们，将它们付诸实践之中，根据你的实际情况和风格对它们进行改良。

专业销售人员的 12.5 个价值

1. 创造与竞争对手的差别。

关键在于感知价值。

最大的不同在于让潜在客户感知到的你与竞争对手之间的差别。

2. 了解满意与忠实之间的差别。

满意的客户会从任意销售商处购买。忠实的客户则会一直购买你的产品、维护你，并且还会把你推荐给别人。

3. 演讲和令他人信服的能力。

如果你传达的销售信息太无趣，潜在客户将会无视你。而如果你传达的销售信息具有说服力，那么潜在客户将购买你的产品。

与潜在客户进行有意义的交流，提出中肯的问题和建议。

4. 做到无所不知或者忙中偷空学习。

保持做学生的心态，持之以恒。你成功所需的全部信息都已存在，只是你可能还没有机会接触到。

5. 经营友好关系。

如果其他方面一样，人们会选择与自己的朋友做生意。

如果其他方面不怎么一样，人们依然会选择与自己的朋友做生意。

6. 些许幽默。

如果你能让潜在客户开怀大笑，你就能让他们买你的产品。学会幽默。

7. 常保创新。

自竞争中脱颖而出的关键在于你的创新能力。

创新能力可以通过学习获得。

8. 推销。

推销是如此简单，但却没有人做。

9. 相信自己。

要想达成交易，你首先要相信你在为世界上最伟大的公司工作。

你还要相信你拥有世界上最伟大的产品和服务。

你也要相信你是世界上最伟大的人。

简而言之，你必须学会相信。

10. 做好万全准备。

大多数销售人员只做好了一半的准备。

他们对自己无所不知，但是对潜在客户却一无所知。

11. 不自怨自艾，不指责他人。

你可能认为你很伟大，但是如果你自怨自艾或者指责他人，那么没有人会喜欢或尊重你。

12. 每天一个苹果。

如果每天都能坚持学习一个小时，那么五年后你可以成为任何领域内的专家。

12.5. 保持乐观态度。

态度就是一切，对你及你的成功而言都是如此。

心中有怎样的想法，你就会成为怎样的人。

你的一切行动的核心都在于你的态度。

你可以每天阅读的实用销售信息。即学即用。

逐页阅读。随时随地，
随需而读，即学即用。

扩展目录

第一部分　法则、秘密、乐趣

第七部分 顾客是上帝

第八部分 传播福音

第九部分 构建人际关系网，走向成功

第十部分 先知与利润

第十一部分 增加收入！

第十二部分 上帝是否庇佑我?!

“Everyone wants to succeed at sales. Most people don’t. It’s not that they can’t. It’s just that they don’t know how.”

– Jeffrey Gitomer

“每个人都想在销售上取得成功，但多数人不能实现理想。
这并非因为他们不能成功，而是他们不知道如何成功。”

——杰弗里 · 吉特默

第一部分
法则、秘密、乐趣

Genesis

1.1 创世记

一本问世 15 年的旧书，新意在哪里?

“这永远不可能。”

那么，本书能给你带来什么?

使用本书的 8.5 种方法

老式销售方法已不再有效——在一定程度上如此

记事帖——你的成功之路

Begin Now!

There are also rules.
To succeed at sales you must:

- Know the rules
- Learn the rules
- Take ownership of the rules
- Live by the rules

从现在开始!

要想在销售中取得成功，你必须:

了解法则

学习法则

掌握法则

以法则为生

The Book of Genesis reveals a story of the new way of sales, talks about a few of the basic rules, and presents a surefire way to achieve any rule, sales goal, or career goal...

Don't just read it.
Use it. Go for it.

"Whatever the mind can conceive and believe it can achieve."
Napoleon Hill

创世记揭示了新式销售方法的成功故事，讲述了关于销售的基本法则，同时也指出了一条实现任何法则、销售目标及职业目标的必经之路。
不要只停留在阅读层面。
使用它，追求它。

“心有所想，身有所至。”
——拿破仑·希尔
（Napoleon Hill）

一本问世 15 年的旧书，新意在哪里？

我对销售过程及购买过程的认识逐年加深，或者我应该说每年都能有微小的进步。

如果你正在阅读本章，你可能已经阅读过我的《宝书》丛书中的某一本。感谢您的阅读。不过，本书对你而言可能会是个挑战。

15 年前，《销售圣经》一经问世，立即成为具有决定意义的销售资源。那个时候，没有电子邮件，没有网站，连打电话还需要每分钟 50 美分。

世易时移，《销售圣经》也是如此。

新版《销售圣经》升级到了 3.0 时代。除了更新更好外，其中的见解更加深刻、更易实施，同时也更贴近读者实际。不用担心，我也没忘了有趣。事实上，新版读起来更有意思。

我研究了数年才形成了这些战略和解决方案，而你实施起来只需几分钟，熟练掌握只需几小时，而完全掌握也只需几天。

《销售圣经》新版供君阅读、享受、实践及获利。既然现在你已买了一本，那么赶快使用它吧。

“这永远不可能。”

本书源自何处？

如同多数交易，本书开始于我被拒绝之时。1992 年春天，《夏洛特观察者报》（*Charlotte Observer*）刊登了一篇关于我及我的销售技能的文章，我的电话因此响起。于是，我又拜访了这家报社，主动要求给他们供稿。

“我想每周写一篇关于销售的文章。”我大声说。他们不仅当场拒绝了我，还说：“这永远不可能。”而我却说：“不，只是在你这儿永远不可能而已。”

当天上午，一个小时后，我与《夏洛特财经日报》签订了开设销售技能每周专栏的协议。我将专栏直接命名为《销售技巧》。

下一次当有人告诉你“永远不可能”时，记住这意味着“至少一小时不可能”。

我叫杰弗里·吉特默，是个销售员。我没有博士学位，甚至连大学都没毕业。我没有生活在象牙塔中，而是生活在北卡罗来纳州的夏洛特。我在纽约和新泽西长大，并在那里学会了如何销售。在多层级营销还叫作金字塔传销的时候，我就已经投身其中。我曾拜访过夏洛特市中心的每个办公室，也曾致电财富 500 强企业的老板，并最终与他们达成交易。

我卖出过一美元的东西，也曾达成价值百万美元的交易。我就是一个街头销售员，近 30 年来一直活跃在市场上，有成功，也有失败。我喜欢销售。

《销售技巧》专栏最早刊登在 1992 年 3 月 23 日的《夏洛特财经日报》上。一经见报，即获得巨大成功。不久，我的专栏就开到了达拉斯，亚特兰大、丹佛、普林斯顿等多个城市的杂志上。

《夏洛特财经日报》的发行商马克 · 埃斯里奇（Mark Ethridge）是一名曾经获得过普利策奖的记者，同时也是我的好友及支持者。马克 · 埃斯里奇说过，刊登《销售技巧》专栏是他在 1992 年做出的最具影响力的决定。天哪！

从那时起我开始接到来自全国各地的电话，一直到今天也是如此。报纸想刊登我的专栏，读者则感谢我帮助他们达成交易。我发现销售人员把我的每周专栏挂在他们办公室的墙上。他们复印我的专栏，并四处传阅。他们邮寄给居住在其他城市的朋友和同行，他们甚至用我的专栏指导销售会议。

我的女儿斯塔亚在夏洛特买了一辆车，而代理商中所有人都读过我的文章。当斯塔亚独自一人走到成交房间时，代理商说："我们给你的是本年最划算价格，因为我们可不想你的父亲写文章给我们负面评价。"

自写文章的第一天起，我就知道我会写本书。这是一个自然演变的过程。我的好友及导师博伊德也曾给我提出相似的建议。对一个销售员而言，鼓励很重要。我感谢博伊德的鼓励，也感谢你们的支持。

我所使用的材料都源自我的亲身经历。我做销售工作 40 年，其中 16 年从事咨询工作。我听了数千小时的录音、磁带和光盘，读了我能找到的一切关于销售的资料，并且在时间允许的情况下，参加了无数培训课程。我的使命就是边教边学，我努力做到每天都学一点儿新东西。

我的每周专栏将会持续为你提供有价值的信息，以便你在销售的战场上拿下更多交易。我知道你面对的是什么，我知道你的工作有多努力，我也知道你有时候会很沮丧。我愿意帮助你们。

我于 1993 年秋天开始构思本书的第一版。当年为了写书我曾加班无数小时，在北卡罗来纳的榉木山度过一周，后来又在南卡罗来纳的希尔顿里德岛又度过一周。终于，在我超级挑剔的编辑及好友罗德 · 史密斯的帮助下，在我的爱猫利多的陪伴下，我用我的麦金托什苹果电脑完成了这本书。我料想这本书定会大卖。果然，700 个工时后，《销售圣经》一炮而红。

你现在阅读的是新版《销售圣经》，由我的搭档及至交赤西卡 · 麦克杜加编辑的。新版在继承传统的同时另有诸多新的突破。

感谢你购买本书。

这本书给我带来了很多收益，我希望它也能让你财源滚滚。

那么，本书能给你带来什么？

你的回报是实现销售职业生涯内你曾设立的最为宏伟的目标。

你的回报是你将被认可成为超级销售员。

你的回报是你将成为心中期许的最棒的销售员，你对此十分满意。你将可以自学成才。

你的回报是你将拿下更多交易。

本书能为你的日常销售工作提供全方位的帮助。源自现实世界的解决方案切实可行，直接针对你所面临的销售情况和困难。

一本实战参考书，一种资源，一本圣经。

在开始阅读本书前，请自问以下问题：

- 我认为我的销售能力如何？
- 我每天如何练习我的销售技能？
- 我花多少时间学习新的销售技能？

- 我每天尝试多少新的解决方案？
- 我为成功全力以赴了吗？

销售是一种自律。这里说的自律并非军训中的那种自律（“要么做，要么去削土豆”），而是指只有具有自律能力，个人才能全力以赴、追求卓越。这是一种内生的控制力，而非基于外部的法律约束。你需要的不是因自律而抱怨，而是去享受它。

自律就是将理想日日铭记于心中，并且不懈追求，直至最终实现理想。

我不想听起来像个布道者，不过我说的这种自律的确跟宗教意义上的自律很相似。如果你每天都能坚持祈祷或冥想，那么你就已经具有销售成功所需的自律。

不过在销售中，奇迹要靠你自己来创造。

作为一名销售员，你是企业中最重要的人。

除非你能卖出东西，否则企业将是死水一潭。

只有你能卖出东西，工厂才能有订单可以生产，物流公司才能有产品递送，管理层才能有钱发工资，统计部门才能有钱购买新的电脑系统。

当你从银行贷款或者想要银行提高你的信用上限时，你也需要销售。你需要将你的还贷能力或者偿付能力卖给你的银行。

“不管怎么样，东西总会卖出去！”

“要么就是你把‘同意购买’卖给客户，要么就是客户把‘拒绝购买’卖给你！”

作为一名销售员，你是企业中最重要的人。

As a salesperson, you’re the most important person in the world of business.

使用本书的 8.5 种方法

销售人员需要不断寻找新的解决方案。

销售人员需要持续激励。

销售人员需要马上知道答案。

销售人员需要今天就达成更多交易。

销售人员需要同时面对多个问题。同一天，他们需要初次拜访及跟进十名潜在客户，参加一个交际活动，做三场产品演示，发出五封信件，被拒绝六次，同时还要达成一笔交易。这只是普通的一天而已。销售人员需要一本可以信赖的参考书，提供基于现实世界的解决方案，帮助他们应对当前面临的迫切问题、绊脚石和挑战。他们需要《销售圣经》。

《销售圣经》不是一种销售方法，而是一系列基于现实世界的观察、战略和哲学。你可以根据自己的实际情况对其进行修改以适应你的销售风格。你从中取你所需达成今天的这笔交易，同时为明天的交易做好准备。你也可以从中获得达成销售目标的方法。

《销售圣经》是一种基于现实世界的资源，并非是一群眼高于顶的博士们做出的学术报告。它是我在世界上最严峻销售环境中打拼 40 年的积累，其中有成功，也有失败。

它基于我的真实经历。我知道这些解决方案有效，因为我用过它们——简单、实用且要紧时候用得上，对你而言也将如此。它们将在现实生活中为你提供帮助。不妨先找几个试试……

看看效果。

使用本书的方法及本书能给予你的帮助：

1. 作为一种资源。深化及增强你对销售过程及日常销售挑战的认知。

2. 每日一课。帮助你每天坚持致力于追求卓越。

3. 集体学习。成长为一名专业的销售人员。

4. 开始一个会议。多数章节都提供了一个完整的解决方案，可用于引导一个销售培训或头脑风暴会议。

5. 解决问题。当你无计可施，但问题需要立刻解决时。

6. 为交易做好准备。助你赢得竞争优势。

7. 达成交易。成交所需的解决方案和答案都在本书中。

8. 激战正酣。每日销售生活中，随身携带本书，特别是你吃闭门羹时、跟重要客户见面时及已经第三次留言了，但炙手可热的客户不愿回你电话时。

8.5. 收入翻番。许多销售人员的潜力都有待挖掘。我打赌你能将自己的收入增加一倍。我将给你所需的工具，而最终则需要你证明给自己看。你能养成成功所需的自律吗？

虐待本书的绝妙方法：带着高光笔和红笔阅读本书。画出你所需的内容，同时在空白处写下你的想法、行动计划及解决方案。

榨干本书的绝妙方法：为了从本书中获得最大益处，你需要尽快将所学内容付诸实践。找个潜在客户或客户试一试。一旦你开始使用所学内容，你就已经开始掌握它们。每天尝试一个新解决方案，每年就能积累 220 个，而五年后你就能掌握 1000 多个。天哪！

将本书作为一种资源或一本参考书随身携带。午餐时读一章，与同事们讨论一下某个解决方案。当然，最重要的是要用本书助你达成交易，数不胜数的交易。

销售的精神。每章开始都有一条引语，旨在点出本章的精神和主要内容。在《销售圣经》中，精神有着至关重要的作用。我是本着怎样的精神给出信息，而你又是本着怎样的精神在接收或使用信息？每章都自成一体，与下一章自然衔接。章节之间彼此相连，反映并最终形成整本书。

阅读《创世记》“记事帖——你的成功之路”一节，使用该节介绍的方法记录你阅读本书的过程。这将是一个很好的练习，可以确保你获得最大的收益。

为每天阅读的章节数设定目标。为实践所学内容设定具体的目标。为改善你的态度设定目标。为享受职业生涯设定目标。另外，也要为签下大订单设定目标。

a Compass points to Money

销售培训是一个永远指向财富的罗盘。

Selling seminar is a compass that always points to money.

吉特默免费小礼品

想要加强对本书中提到的解决方案和战略的记忆？我为你准备了记忆卡片。在上门推销、参加交易活动及行业展会时，你都可以随身携带，以备不时之需，随时查阅。这些记忆卡片有助于你增强对于销售法则的理解，可以帮助你在销售过程中逐步熟练掌握。登录网站www.gitomer.com，在GitBit框中输入“FLASHCARD”即可获得记忆卡片打印版。首次访问用户需要注册。

老式销售方法已不再有效——在一定程度上如此

曾经，流行的是休闲装和喇叭裤。如今，你依然穿衣，不过却是不同的时尚样式和风格。销售界也是如此。这个十年，你必须改变销售的方式，否则你将入不敷出，更谈不上实现销售目标和梦想。

20 世纪 90 年代的不景气迫使销售行业发生了改变，而这将为全球企业界带来益处。作为一名成功的职业销售员，你必须能让你的客户两次购买你的产品，或者愿意主动将你推荐给他人。

新式销售方法以旧式方法为基础。你仍然需要掌握每个销售解决方案，只是需要以不同的方式使用它们——更友好、更真诚以及更强调服务第一、销售第二。当我听到有人说“销售是一门艺术”时，总会感觉有些憋屈。这都是无稽之谈。销售是一门科学，它使用一系列不断重复的字词及理念，诱导潜在客户做出合理反应，最终愿意购买产品。如同其他科学一样，销售需要反复试验来确定何种方法最有效。

新的游戏法则很简单，而你今天就可以运用。

你的挑战不仅是学会运用它们，还包括掌握它们。以下列出了 7.5 条法则，仅供参考。当然，本书后续章节中还包括了类似的数百条法则。

1. 根据客户的需求和理解进行说明（或销售），而非你的产品或服务。

2. 收集个人信息，并且学会如何使用它们。

3. 建立友谊。人们愿意从朋友而非销售员处购买。

4. **营造一个任何竞争对手都无法穿透的人际关系保护盾。**我的竞争对手偶尔也会给我的客户打电话，而我的客户却会给他们我的电话号码，让他们给我打电话，询问我对他们服务的看法。我的客户会说："打电话给杰弗里 · 吉特默，解释给他听。如果他觉得没问题的话，他会告诉我们。"如果你的竞争对手给你的客户打电话，他们也会这么做吗？你需要做些什么才能确保他们会这样做？

5. **找到共同点。**如果你们都喜欢打高尔夫或者都有孩子，那么你们就找到了共同的爱好或话题，而这可以拉近你们两人的距离。

6. **获取信任。**一旦你成功说服他们决定购买，你最好确保他们已经对你建立了足够的信心，否则他们很有可能从别处购买。

7. **享受销售，学会幽默。**销售不是绝症，而是你的职业。好好享受吧。如果你能让他们开怀大笑，那么你定然能让他们掏钱。笑声是不言而喻的认同，而不言而喻的认同最终就会导致纸面上的认同——订单。

7.5. **永远不要一头扎进销售的陷阱。**当我听到一个销售员一开口就是销售的套词时，我就感觉有些忍无可忍。学习销售这门科学，将销售转化为一种艺术。

本书后续章节中包含了数百条法则、指导方针、战略及解决方案等，论述的都是销售这门科学以及人们为何会购买。你的挑战就是学会在日常生活中运用它们，最终在现实世界——你的世界——取得成功。

如果你能每天阅读一节，并立刻将所学付诸实践，那么不到半年你就能读完 100 多节，学会 1050 多种解决方案。

想要学会最好的、最便捷的及百发百中的销售方法？请阅读《格林童话》。现实是，你无法把每个人都发展成你的客户。不过，你可以提高你的销售额——大幅提高。这一点倒有一个简单的方法，而且还很有趣。

阅读《销售圣经》，每天获取新知，即学即用。从每天尝试新方法的实践中学习，日积月累，即可逐渐成长为一名销售大师。如果你不遵循这个过程，那么你将会一直觉得销售遥远而神秘。你也许不会失败，但你也不会成功——不会取得你想要的成功。

销售充满乐趣且有利可图，前提是你愿意认真学习、全力以赴及追求卓越。

要想在销售中取得成功，你必须认识到实现销售的道路并非只有一条，而是有上千条。你向每个人学习，而后结合自己的经历融会贯通，最后再根据自己的性格发展出自己的风格。

在从事销售工作及学习如何销售 40 多年后，我明白了一点，也可以说是一个绝对真理：最好的销售员有着最好的态度，对所售产品最了解，同时也能提供最好的服务。

在经历了多年的签单成功及签单失败后，在多次致电推销被挂断电话后，在多次致电财富 500 强企业老总成功签单后，我终于认识到销售是什么以及如何实现销售。我的目标就是跟大家分享我的认知，而你们就能由此提高销售额——大幅提高。

你要一直盯着这些记事贴看，直到你想吐，之后你就会开始采取行动去实现它们。

记事贴——你的成功之路

目标：我想成功。

挑战：知易行难。

想法：成功意味着实现目标。

错误想法：人们都害怕成功。

事实：人们不害怕成功，只是不知道如何成功。

方法：买一本记事贴，这会让你踏上成功之路。

你想实现多个目标，但是你并没有把它们写在显而易见的地方。它们只是安静地躺在抽屉里的一张纸上，只是偶尔会从你的脑海中闪过，最终不外乎是葬送在各种拖延借口和悔恨之中。

振作起来：我有一个战胜这个怪圈的方法。想实现你的目标吗？备好以下工具，你定能取得成功，尽管成功现在看起来是如此遥远。

记事贴　卧室镜　浴室镜　笔

以下是经过多次验证的有效方法：

1. 写下重要目标。在 3×3 大小的黄色记事贴上，用简洁的词语写下你的主要目标（为公司筹资、赢得年度销售员称号以及搞定美联银行这个新客户）。

2. 写下次要目标。另找三个记事贴，用简洁的词语写下你的次要目标（每天花 15 分钟阅读关于态度的材料、读完《戴尔 · 卡内基》一书、整理书桌以及打一个新的壁橱）。

3. 将记事贴置于眼前。把它们贴在你的浴室镜上，这样你就得早晚都不得不看到它们以及你自己。

4. 每次看到它们时，都要大声读出来。看着它们，把它们读出来，将会让你加倍致力于实现目标。

5. 一直关注它们并谈论它们直到你开始行动。一直看着它们直到厌倦为止。然后，你就开始行动，取得成绩，完成目标。

6. 每天见到记事贴能使你每天都会想着如何实现它们。一旦你开始行动，记事贴就会促使你思考“我今天得做点儿什么才能向目标迈进一小步呢？”记事贴能激励你采取行动，实现既定目标。

把目标贴在浴室里，你就能有意识地每天至少提醒自己两次。久而久之，你的潜意识就会发挥作用，在潜移默化间注入你的灵魂，促使你采取积极的行动去实现目标。

当你成功登顶一览众山小时，当你实现你久久为之奋斗的目标时，你终于可以说出那充满魔力的四个字。大声喊出来："我成功了！"（大声喊出励志的话总能让人感觉良好。）

6.5. 每日重温成功经历。现在开始最精彩的部分。当你实现目标后，把记事贴从浴室镜上撕下来，欢呼着将它贴到卧室镜上。现在每天你对镜整理仪容时，你都可以看到自己的成功。这不仅能让你自我感觉良好，同时也能为你迎来成功的一天奠定基调。每天早上起来的第一件事就是看看你的（目标）成功经历，记住成功的感觉是多么美好，回顾为实现成功你都做了哪些努力，这能激励你实现更多的目标。

- 方案很简单。
- 方案很有效。
- 结果将改变你的态度。
- 结果将改变你的生活。
- 结果将改变你对自己实现成功能力的认知。

当你的卧室镜上贴满了实现目标的记事贴时，你就有钱去买一面更大的镜子及放镜子的房子了。

获取目标实现记事贴初学者套装。想要一本记事贴练习册作为开始吗？为了感谢您长期以来的支持，我愿意免费送给您一本。只需寄送一美元邮资到 Buy Gitomer， 310 Arlington Ave., Loft 329, Charlotee, NC 28203。

POST IT

买一本记事贴，这会让你踏上成功之路。

Go purchase a pad of Post-it Notes, and you'll be on the path to success.

第一部分
法则、秘密、乐趣

The Book of Rules

1.2 法则记

销售成功的 39.5 条法则

销售成功公式——AHA！

"Rules are in every company for everyone to follow. Eh, except salespeople."

– Jeffrey Gitomer

"每个公司都自有法则，需要每个人遵守。哦，销售人员除外。"

——杰弗里 · 吉特默

Rules...
And the guidelines that turn them into sales.

How do you turn a prospect into a customer?

Let me count the ways.
There are 39.5 ways.

Read them and you'll say, "Aha!"

Follow them and you'll say, "Thanks for the order."

Sales rule!

法则……
以及能将法则转化成订单的指导原则。
你怎么把一个潜在客户发展成真正的客户？
我来数一数有多少种方法。
现有 39.5 种方法。
通读它们，你会忍不住喊出：
"可算找到了！"
按照法则去销售，最后你需要说的就是："谢谢您的订单。"
订单是法则中的法则。

相比于高压销售策略，基本销售法能让你更快成功。

销售成功的 39.5 条法则

人们不怕失败，只是不懂得如何成功。

1960 年，我在篮球场上遇到了一位大学校队的教练。我对他说，让我看看你最好最漂亮的进球。他拿起篮球，走到篮框下，来了一个简单的单手上篮。“看见那记进球了吗？”他略带生硬地说，“99% 的比赛都靠那样的进球取胜。一定要投进。”他说完转身走开了。当天，我感觉自己被骗了。20 年后，我意识到原来那是我上的最好的一节销售课。集中力量在基础知识和基本技能上，99% 的订单都是靠它们拿下的。

你对自己的成功（或者失败）负责，在销售行业取得成功也不外乎如是。为了确保成功，你必须积极主动地采取行动，而预防失败则是该过程中重要的一环。如果你发现自己在说：“我天生不是干销售的材料”“我不够强势”“我讨厌打电话推销”“我接受不了拒绝”“我的老板是个混蛋”或者“我的老板是个彻头彻尾的混蛋”，那么你正走上错误的道路。

以下是成功销售人员身上常见的 39.5 个特征。你有多少个？坦白讲，你遵循了其中的几个指导原则？如果你真的想在销售上取得成功，我建议你把这些特征列个清单，贴在抬眼即可看见的地方。每天阅读它们，实践它们，直到它们成为你的一种生活方式。

1. **建立和保持积极的态度，这是生活的第一要则。**如果能全力以赴保持积极的态度不动摇，那么你将踏上一条不可阻挡的成功之路。而如果你有所怀疑，那就说明你还没养成积极的态度。积极的态度不仅是一种思维过程，还是一种贯穿到每天的义务。建立积极的态度吧！

2. **相信自己。**如果你都不相信自己能行，那么谁还会相信？你掌握着最重要的销售工具——你的大脑。

3. **设定和实现目标。**制订计划。设定和实现具体的长期（你想要什么？）和短期（你要如何做才能得到自己想要的？）目标。目标是指引你走向成功的路线图。

4. **学习和实践有关销售的基础知识。**永远不要停止学习如何销售。阅读、听磁带、参加培训课程以及将你新学的内容付诸实践。每天都学点新东西，并将它与亲身实践结合起来。了解有关销售的基本知识，可以让你在电话推销遇到困难时有多个解决方案。即使是在一段恋爱或合作关系中，有时关系出现问题时，也需要一些解决方案。

5. **理解客户以及满足他/她的需求。**询问潜在客户，倾听他/她的回答，了解他/她的真实需求。不要对潜在客户的情况进行预设。

6. **销售是为了帮助客户。**不要贪心，因为客户能感觉到。销售是为了帮助客户而非赚取佣金。

7. 建立长期关系。保持真诚；己所不欲，勿施于人。如果你能深入了解你的客户，关注他/她的最大利益，那么你得到的将远远超过佣金。

8. 相信你的公司和产品。要相信你的产品或服务是最好的，因为你的客户会看到。你的信心将传递给你的买家，而后经由你的销售额表现出来。如果你不相信你的产品，你的潜在客户也不会。

9. 做好万全准备。你的自我激励和准备工作是使你超越自我的力量源泉。你必须愿意且急切地想要销售，否则你不会把东西卖出去。要事先准备好你的销售装备、销售工具、开场白、问题、陈述及解决方案。你准备的材料是否有新意将最终决定你的销售能否成功。

10. 保持真诚。如果你是真诚地想要帮助客户，那么他们会感觉到；反之亦然。

11. 认清客户权限。不要在无权决策的人身上浪费时间。

12. 约会要准时。迟到就意味着："我不尊重你的时间"。迟到没有借口。如果实在无法按时赶到，那么提前打电话致歉，这样交易还可以继续下去。

13. 专业化的外表。如果你看起来很能干，那么这也能提升你自己、你的公司及你的产品在客户心中的形象。

14. 建立私人关系及赢得购买者信心。了解潜在客户及他的公司，尽早取信于客户。除非你已赢得客户的信任，否则不要开始推销产品。

15. 使用幽默。我找到的最有效的销售工具就是幽默。享受你的工作。欢笑是不言而喻的认可，因此设法让潜在客户开怀大笑。

16. 完全了解你的产品。对你的产品进行彻头彻尾的了解。了解你的产品能给客户带来哪些好处。在完全了解产品后，你就可以心无旁骛地专注在销售上。

也许你的销售演示并不会用到如此之多的产品信息，但是知道它们能让你对拿下订单更有信心。

17. **卖点是能给客户带来什么好处，而非产品性能**。与如何使用产品相比，客户更愿意知道产品能给他们带来哪些收益。

18. **实话实说**。永远不要忘记你说过什么。

19. **不要食言**。能将一笔订单发展成长期合作关系的最好方法就是说到做到。如果你没有实现对于客户或公司的承诺，那么这对于你而言将是一场能让你一蹶不振的灾难。而如果你总是食言而肥，那么你的信誉就会因此受损。

20. **不要贬低你的竞争对手**。如果你无法赞美对手，那么就保持沉默吧。你总会蠢蠢欲动地想要打破这个法则，心底总会有一个声音诱惑你说点儿竞争对手的坏话。尽管如此，不要贬低他们，你要凭借精心的准备及无限的创意脱颖而出。

21. **使用客户现身说法材料**。你的销售团队中最得力的干将就是忠实客户的推荐。推荐就是金字招牌。

22. **学会倾听购买的信号**。当潜在客户准备好购买时，他们通常都会告诉你——只要你学会倾听。倾听与表达同样重要。

23. **准备好被拒绝**。可事先演练如何应对惯常出现的拒绝。

24. **确定真正被拒绝的原因**。客户并不总会实话实说，他们有时候一开始并不会告诉你真正拒绝你的原因。

25. **克服隔阂**。这个是一个较为复杂的问题，不能简单、一蹴而就地解决。你需要能够理解现场的具体情况。注意倾听你的潜在客户，思考有什么切实的解决办法。你必须能够营造一个充满信心和信任的环境，这样才能有生意可谈。

而当客户开始说“不”时，生意就真正开始了。

26. 询问客户是否愿意购买。听起来很简单，但很有效。

27. 当你询问完客户是否愿意购买后，请闭嘴。这是销售的第一条法则。

28. 如果当次约谈未能达成交易，那么请务必定下下次约谈的时间。如果你没有约定下次碰面的时间，那么你很有可能面临艰难而漫长的等待。不管怎么样，每次碰面都要向达成交易靠近一步。

29. 跟进，跟进，跟进。如果跟一个客户做成生意需要碰 5~10 次面，那么不惜一切代价，做好见第十次面的准备。

30. 重新解读拒绝。客户并没有拒绝你，他们拒绝的是你的报价。

31. 预见及适应变化。销售的很多环节都与变化有关。产品、销售策略及市场充满变化。拥抱变化，你就能成功；拒绝变化，你则会失败。

32. 遵守规则。销售人员惯常认为规则是为他人制定的。如果你认为规则不是为你而定，那么你就需要重新思考一下了。破坏规则只能导致你被炒鱿鱼。

33. 与他人（同事和客户）友好相处。单枪匹马干不成销售，销售需要你与同事及客户合作。

34. 努力带来好运。仔细观察那些你眼中的幸运人士——要么是他们自己，要么是他们的家人付出了多年的艰苦努力才创造了所谓的好运。你也可以得到同样的运气。

35. 不要将你的错误（或者责任）推卸到他人身上。承担责任是取得任何成功的支点，而是否承担责任的标准是是否主动采取应对措施。承担责任的奖励就是执行力（而非金钱——金钱只是完美执行力的副产品）。

36. 坚持不懈，持之以恒。你愿意不做任何挣扎就接受别人对你说“不”

吗？你能把“不”当成挑战而非拒绝吗？你愿意坚持跟客户碰面 5~10 次才签下一笔订单吗？如果你能的话，那么你已经开始明白持之以恒的力量。

37. 你的成功公式藏在数字里。计算一下签下一笔订单需要几条线索、拜访几次、报价几次、约访几次、做几次演示以及跟进几次。以后就按照这个公式进行。

38. 保持激情。每次都全力以赴，做到极致。

39. 以专业、正面及有创意的方式，让人过目不忘。你走后他们会怎么议论你？你总会给别人留下印象——有时模糊，而有时清楚；有时正面，而有时则不那么正面。你可以选择留下怎样的印象，并对此负有责任。

39.5. 乐在其中，这点是重中之重。做你喜欢的事情，你总能取得更大成功。而如果你做事情乐在其中的话，那么你也能为他人带来欢乐。快乐是会传染的。

不遵守销售成功的 39.5 条法则将导致缓慢但毫无疑问的失败。你并不会一败涂地——失败也有不同的级别。

以下是失败的 4.5 个级别。你现在在哪个级别呢？

1. 没有全力以赴。

2. 没有把销售当作一门科学来学习。

3. 没有承担责任。

4. 没有完成销售额或预设的目标。

4.5. 没有树立积极的态度。

成功是经由多次获胜经验而铸造的一种能力水平和自信。失败无关缺乏安全感，而是表现为缺乏执行力。世上没有绝对的失败。

金克拉（Zig Ziglar）说过一句话："只有失败的事情，没有失败的人。"文斯 · 隆巴迪（Vince Lombardi）有更精彩的表述："凡事预则立，不预则废。"

每届奥运会上，男子百米赛跑的冠军摘取金牌都只用了不到十秒，无一例外。十秒的时间跑起来很是短暂，但是你知道奥运冠军为了百米赛场上的十秒花了多长时间去准备吗？你是否有同样坚强的取胜意志呢？我希望如此。

COMPLIMENTS Pays a Lot

恭维话远比卖柠檬更能挣钱！
Compliments pays a lot better than selling lemonade!

销售成功公式
AHA！
态度——幽默——行动

我发现这一公式对于达成交易而言非常有效。它看起来不难，而实际操作起来则更加简单。公式中的因子彼此相连，构成整体。每个因子自成一体，单个就很具有效力，而合并一起则能创造销售奇迹。

以下是分解介绍：

态度。积极的精神状态是促使你在生活中取得成功的推动力。积极的态度不仅是一种思维过程，同时也是一种自律及承诺。你每日醒来都能保持积极向上的状态——思维活跃且言语灵活。积极的态度并不是时有时无，而是会与你如影相随。有了它，你的内心就能每时每刻都感觉良好，不论你身处怎样的外部环境之中。

幽默。幽默并不仅仅是有趣，同时也是看待事物的一种方式。保持幽默的状态，你的生活就能更有效率，同时也有助于你在销售上取得成功。幽默指的是你的幽默感以及发现和创造幽默的能力。设法让他人开怀大笑，他们会因你在场而感觉颇佳。设法让他人莞尔一笑。听一听大家都在怎么说你："我喜欢跟你聊天”“你让我开怀大笑”或“你让我今天很愉快”。这就是幽默的效力。幽默让别人更期待与你聊天，而非躲避你的电话。幽默是良药——获取订单的良药。

行动。言出必行。每日早晨醒来都有一系列明确的目标，每天都有一套事先准备好的计划。打最后一个电话，沿着你的成功之路前进。要比任何你知道的人都更努力，努力到足以让你对自己感到自豪。

三者合而为一将使你踏上成功之路。

“I challenge you to master each element, then combine them in your own way to suit your own personality.

The monetary results will astound you, but the personal reward is way beyond money.”

Follow them to the letter and you’ll say…

“AHA!”

“我保证你能掌握每个因子，而后以你自己的方式融会贯通以适应你的个性。财源将因此滚滚而来，足以让你目瞪口呆，而你的个人回报将远远超过金钱。”

逐字践行这个公式，你将笑到最后。

第一部分
法则、秘密、乐趣

The Book of Secrets

1.3 秘密记

销售人员因何失败?

你是否天生掌握销售技能? 不，你通过后天学习获得!

这笔交易失败的原因在哪里? 兄弟，就在你身上!

从消极到积极

坦白讲，客户希望得到怎样的对待?

坦白讲，销售人员希望得到怎样的对待?

狡猾的热键，你怎样找到它?

The Rules.
The Secrets.
The Fun.

法则记。
秘密记。
乐趣。

Secrets…

Listen. (Tu-da-lu)
Do you want to know a secret?

In order to master a trade, you must know its secrets.

Knowledge of sales secrets can save you years of frustration and wasted effort.

Learn these sales secrets and … master the mystery.

秘密……
听着，
你想知道一个秘密吗?
要想掌握一门手艺，你必须了解有关它的秘密。
了解有关销售的秘密将使你免受多年的挫折，节省无数花在无用功上的时间。
学会销售的秘密以及掌握其中的奥妙。

50%的成功源自相信自己能行。

简而言之，自我暗示最终都能成为现实。

销售人员因何失败？

因为他们一直认为自己不行。

你是否具有积极的态度？每个人都会回答有，但事实上只有不到千分之一——百分之一的十分之一——的人真正具有！这么小的概率里面真的包括你吗？弄清这个问题很容易，你只需要通过这个简单的测试。

是　否

❐　❐　我每天花至少一小时的时间看新闻。

❐　❐　我坚持每天读报。

❐　❐　我每周读一本新闻杂志。

❐　❐　我有时感觉今天过得很糟糕——整天都很糟糕。

❐　❐　我的工作是鸡肋。

❒ ❒ 我发怒的时间超过一小时。

❒ ❒ 我与消极的人相互吐槽、彼此同情。

❒ ❒ 当事情出现问题时，我总是想着埋怨别人。

❒ ❒ 当事情出现问题或朝着负面发展时，我会告诉别人。

❒ ❒ 我会对我的伴侣发脾气、冷战、不说话超过三个小时。

❒ ❒ 我将生活上的问题带到工作中来，与同事讨论。

❒ ❒ 我对最糟糕的情况有预期，并为此做好准备。

❒ ❒ 我容易受到糟糕天气（太冷、太热以及下雨）的影响，会抱怨天气不好。

0~2个“是”：你具有积极的态度。

3~6个“是”：你具有消极的态度。

7个及以上“是”：你的态度有问题——严重的问题。

4个以上“是”：出去购买一些戴尔·卡内基、诺曼·文森特·皮尔、克莱门特·斯通、拿破仑·希尔、厄尔·南丁格尔及丹尼斯·威特利的书籍、光盘和课程。这些人将告诉你你怎么能成功，而非你为何会失败。

这里还有更具说服力的证据。关于销售人员的失败原因，多个全国性测试都揭示了以下令人意外的数据结果：

- 15%的失败源自缺乏培训——有关产品及销售技能的培训。
- 20%的失败源自口头及书面沟通能力较差。

• 15%的失败源自老板或管理层较差或有问题。

• 50%的失败源自态度。

这听起来有些不可思议，不是吗？只要改变一下思维方式，销售人员（以及其他任何人）就能将成功率提高50%以上。南丁格尔已经成为传奇的录音《最奇妙的秘密》揭示了树立积极态度的秘密："自我暗示都会成为现实。"然而，这需要高度的自律以保证每日练习及全力以赴。

想要开始改变你的态度吗？这将对你的成功（及收入）产生奇迹般的影响。将以下看问题的方法及练习融入你的日常生活中：

• 当事情出现问题时，记住这是你的错，而非别人的错。

• 你永远有（或曾经有）选择权。

• 如果你认为没问题，那么就没问题。如果你认为有问题，那么就有问题。

• 忽略垃圾新闻，关注有价值的项目。制订一个计划，做一些能改善你生活的事情。

• 只阅读内容积极的书籍和材料。坚持一年。

• 当你遇到困难或事情出现问题时，要学会寻找破局的机会。

• 收听有关积极态度的磁带，参加研讨会及培训课程。

• 忽略那些告诉你"你不行"或试图给你泼冷水的人。

• 注意用词。是半满还是半空？是一半阴天还是一半阳光？避免说"为什么""不能"以及"不会"。

• 关注你因何喜欢某事、某人、某个工作或家人，而非因何不喜欢。

• 乐于助人，不计回报及不加算计。如果你说："我不，因为他不"，那么损失的是谁？如果你说："当他只……，我为何还……"，那么损失的又是谁呢？

- 你的坏情绪会持续多久？如果超过五分钟，那么就有些问题了。
- 记住每天发生的幸运的事情。

如果你现在每天将浪费在读报上的一小时转化为积极的行动，或者为你自己、你的工作及你的家人学点什么，那么一年下来就相当于你多出了 15 个整天（每天 24 小时而非八小时）。哪个更能帮助你事业成功？每年花 15 天看报纸，还是每年花 15 天为未来而努力？选择权在你手里。

“When Vince Lombardi said, ‘Winning isn’t everything, it’s the only thing,’ he should have substituted the word *attitude* for *winning* to get closer to the truth.”

– Jeffrey Gitomer

“当文斯·隆巴迪说‘成功不是全部，但是唯一重要的事情’时，他应该将‘成功’替换为‘态度’，这样就能更接近真理。”

——杰弗里·吉特默

你是否天生掌握销售技能？不，你通过后天学习获得！

“那家伙是个天生的销售员。”这些话你肯定听到过，很有可能你自己也说过。不过，这都是无稽之谈！这可以说是销售界最大的谎言。销售是一门科学，通过后天学习获得。你说的所谓的天生销售员曾付出过艰苦的努力才具备必需的销售特质，而后又经过艰苦的学习和实践才掌握销售这门科学。

以下个人性格测试列出了伟大销售员具有的 21 个特质。做一下这个测试，看你已具有几个特质？（重要提醒：“是”与“否”之间有一个灰色的中间地带，销售人员将其称为“努力之中”。在这种情况下，你最好选择“否”，直到你最终完全具备这种特质。）

是 否

❐ ❐ 我写下了我要实现的目标。

❐ ❐ 我具备良好的自律能力。

❐ ❐ 我很有干劲。

❐ ❐ 我有强烈的求知欲。

❒ ❒ 我想建立广泛的人际关系。

❒ ❒ 我自信。

❒ ❒ 我喜欢我自己。

❒ ❒ 我喜欢跟人交往。

❒ ❒ 我喜欢挑战。

❒ ❒ 我想成功。

❒ ❒ 我能以积极的态度接受拒绝。

❒ ❒ 我能妥善处理细节。

❒ ❒ 我很忠诚。

❒ ❒ 我有激情。

❒ ❒ 我观察能力强。

❒ ❒ 我善于倾听。

❒ ❒ 我感知力敏锐。

❒ ❒ 我是个有技巧的沟通者。

❒ ❒ 我工作努力。

❒ ❒ 我想在经济上有保障。

❒ ❒ 我有毅力。

如果你回答了 15 个以上实打实的“是”，那么你已基本具备销售员的特质。如果你只回答了 10~14 个“是”，那么就很难说（如果你答“是”的问题是求知欲、激情、自信、感知力、干劲及毅力，那么可能你也具备销售员的特质）。如果你回答的“是”不到十个，那么千万不要干销售，即便是为了世界和平、消除疾病或者推进探索太空项目。

小贴士：以上陈述都没提到签下订单或克服拒绝。如果你具备上述特质，你可以轻而易举地学会及实践销售这门科学。你所要做的只是相信自己能成功，然后全力以赴及坚持不懈。

你所要做的只是相信自己能成功，然后全力以赴及坚持不懈。

All you have to do is believe you can do it, commit yourself to doing it, and live up to your commitment.

这笔交易失败的原因在哪里？兄弟，就在你身上！

在长达 25 年（真的这么久了吗？）的销售培训生涯中，我从未遇到一个销售人员走过来对我说：“杰弗里，这笔单子没有做成，问题都在我身上。”

如果销售人员将交易失败归咎于外在的人或事或环境，而非自己能力不足，未能营造购买氛围，那么他们就犯了一个致命错误。这种错误有双重危害：一是，你错怪了别人；二是，你开口指责而非承担责任。这样一来，你就无法认识到自己急需自我提升的培训。

我已经发现了有关销售的致命缺陷，它们才是销售人员无法达成交易的真正原因。这或许是一个痛苦的练习，但为何不试着边阅读边评价一下自己呢？而为了使你获得最大的乐趣和收获，每个缺陷之后都应附带一个“完美的”改进建议或意见。

在下面列出的致命缺陷中，你曾遭遇过哪些呢？在阅读时，不妨在你希望改进的缺陷标号前用红笔标记一个“F”。

1. **如同木偶、傀儡或走卒。**销售人员总是倾向于营造一团和气的气氛，而不会提出要求，即便是未能得到承诺也是如此。他们很少提出自己的想法或意见。改进建议：在寄送宣传册的同时，约定见面的时间；在为潜在客户提出建议时，尝试修改部分措辞以便突显自己产品的优势。

2. 宣讲先于询问。医生会告诉你他毕业于哪所医学院吗？不会。他会告诉你从业多少年了吗？不会。相反，他会询问病人："哪里不舒服？"改进建议：问能激起对方兴趣的问题；问能触动对方的问题；问竞争对手不会提出的问题。

3. 口头约定将要提供的服务。最致命的错误就是潜在客户认为你未能提供所承诺的服务。当潜在客户说："我想你好像说过……"，不论接下来的是什么，都将成为一个问题。改进建议：写下并复述，确认所有的承诺和条件。

4. 贬低竞争对手。退一万步讲，他们是一群极其令人反感的无赖，你又能怎么样呢？在贬低他们的同时，你也在贬低自己。改进建议：在谈及竞争对手时，无一例外地使用"行业标准"或"我可敬的对手"。

5. 跟进确认潜在客户"是否收到宣传资料"或者询问潜在客户"有无任何疑问"。这个销售员自以为他看起来很专业或很乐于助人，但实际上他让人觉得无孔不入或看起来很愚蠢。改进建议：跟进的时候提一些有意义的问题或解决方案。

6. 直接询问"我要怎么做才能获得您的订单？"这可谓是销售过程中最糟糕的问题，并且总会无一例外地导致销售员得不到真实的答案、客户趁机压低价格以及销售员失去客户对他的尊重。改进建议："我想花几分钟时间跟您分享一下为何虽然我的价格不是最低的，但是我的客户依然愿意购买我的产品。"

7. 假设潜在客户对你的产品一无所知。潜在客户很有可能已经事先对你的公司、产品或两者有一些先入为主的看法，而你可能会需要在开始推销前先改变他们的看法。改进建议：设法诱导他们要求你进行产品演示或销售演说。改进建议：询问“截至目前，你对……的感觉如何？”或者“你会如何对我描述我的产品？”

8. **假设潜在客户还未做出决定。**你很有可能已是声名远播，或者很有可能你的潜在客户已决定购买他人的产品，更或者你的潜在客户已经决定购买你的产品，而你的产品演示不过是再次让他“确认”自己已经做出的决定。改进建议：在你开始推销前，要尽快与潜在客户变成朋友。可以问几个问题，以便确认他在决策过程的哪个阶段。

9. **在电话跟进时，无法增加潜在客户的兴趣或提供更多有价值的信息。**把电话跟进简单地定义成“问候一下你的钱包”“你已经决定了吗？”或者“是的，朋友，虽然我们选择了你，但我们并不打算告诉你。”改进建议：充分利用建议或演示完成后的宝贵时间，营造购买氛围，赢得潜在客户，让他记住你。要为客户提供一些有价值的信息，而非只想着如何从他们身上赚钱。

10. **试图用自己的话而非其他客户的现身说法打消潜在客户的疑虑。**潜在客户的疑虑翻译过来就是“虽然我尚未购买你的产品，但是我很感兴趣”。改进建议：用其他客户的现身说法来打消当前潜在客户的疑虑。虽然这是一个复杂的过程，但却是最有力（也是唯一有效）的方式。注意：如果你不得不使用自己的话，那么问一些有意义（但不刁钻或老套）的问题，而非一味地陈述事实。

吉特默免费小礼品

想知道销售的“三大”致命缺陷吗？登录网站www.gitomer.com，在GitBit框里输入BIG THREE即可获得。首次访问用户需要注册。

你是否因为太过关注困难而失去了许多机会呢？

从消极到积极

在商业领域，多数人都太过关注他们做不成什么而非他们能做成什么，这在一定程度上给他们造成了心理障碍。消极的人们会不断告诉自己："我没办法让这家伙接电话""没人愿意回复我的电话""没人会雇用我""我睡过头了""我忘了""我没记下来"及"没人告诉我"等。在这之后，他们就会进入找借口模式："我没有足够的时间"，或者可怜巴巴地说："我已经尽力了"。

设想一下，如果有人在你面前抱怨类似的这些情况，你会做何反应？你会愿意听他们的抱怨吗？或者你会尽一切可能避开这个人？答案显而易见。其实，这种情况有很好的解决方案，而答案就在于你能否保持积极的态度。（积极或消极，这是个问题。）如果你只看到消极的一面，那么结果很有可能就是消极的；而如果你有预期积极的结果，那么结果就将是积极的。

以下列出了7.5条办法，可以帮助你在工作中保持必要的专注、活力、

干劲及意志力，以便促使你从“倒霉的总是我”转变为“哇！生活好美好！”

1. **不要再将你的困境归咎于客观原因。**失败的原因不在于雨、车、电话或你的产品，而在于你自己。你对自己做的每件事情都有选择权，应选择一个更具智慧的方式。不要埋怨前进的道路，换一条道路；不要埋怨当前的处境，改变你的处境。

2. **不要再将你的困境归咎于他人。**学会为你自己及你采取的行动承担责任。即使你总是埋怨别人，责任也不在他们身上。兄弟，别再这么干了。

3. **增加对客户或潜在客户的了解。**了解客户不仅能有效地防止问题出现，还有助于妥善处理问题。如果你不能让潜在客户接电话，那么错误在你身上——你不知道联系客户的最佳时间。要知道什么时候给客户打电话最好，知道客户何时做决定，对客户的每个承诺都需要再次确认。

4. **坚持不懈，直到获得确定答复。**潜在客户会尊重一个有毅力的销售员。如果达成一笔交易需要跟客户见面 5~10 次，你能坚持这么久吗？即使你的回答是“不能”，那么至少你知道自己失败在哪里。

5. **知道你在哪儿，或者你应该在哪儿。**妥善管理你的时间。跟客户而非朋友吃午饭，详细记录每个客户的特点。对你的潜在客户或客户要有足够的了解，这样跟进就会变得简单而有趣。你是否已经为第十次见面安排好时间？你是否对情况有所掌控以至于能最终签下这笔订单？

6. **每天坚持提高你的技能。**阅读材料、听光盘、参加研讨会等。你永远有读不完的书，听不完的光盘。我希望你能每天坚持学习一小时。每天一小时，每周六天，这样坚持一年就相当于你多工作了九周（每周七天）。当你下一次漫无目的地打开电视机时，不妨想想你能做些什么提高你的专注度和知识库容量。

7. 以解决问题为目的。与其发牢骚或者对你的处境自怨自艾，为什么不把时间花费在解决问题上呢？以解决问题为目的对于我及我的成功帮助最大。每个困难都是机遇，只要你积极地去寻找。如果你把注意力都放在困难上，那么你就会与机遇擦肩而过。

7.5. 三思而后行，谨言慎行。人们往往说话前不加思考，而说完后又后悔。每次在你与别人交往前，不妨先快速地在头脑里想一想等会儿要说什么。对方会怎样理解你的话？你要说点儿什么才能给对方留下一个更好的印象呢？交往的目的就是获得积极的回应或结果。事情做起来看着很简单，但这需要极强的自律能力。不妨试着做几次——效果会让你喜出望外。

态度带来的机遇：别人给了你一袋水泥和一桶水。你既可以用它们铸造一个绊脚石（水泥护栏），也可以用它们铸造一个垫脚石（一条可以通往你想去的任何地方的桥梁）。

选择权在（一直在）你手中，你是否仍因为太过关注困难而与机遇失之交臂呢？

如果我不想买，请不要使用那些老掉牙的销售策略对我进行狂轰滥炸，强迫我购买。

坦白讲，客户希望得到怎样的对待？

要想成为世界上最出色的销售员（我希望你认为你是），你必须意识到倾听是销售的第一条戒律。就这样，我开始给我的客户打电话，询问他们希望销售员做什么、怎么做以及说什么（或者不说什么）。我认真倾听他们的回答，并记录了下来。

除非你只是接单员，否则你对待潜在客户的方式将决定你最终是否能够签下这笔订单。其实，交易总是能达成，区别就在于，是你把“同意购买”卖给了潜在客户，还是潜在客户把“拒绝购买”卖给了你。

以下列出了客户对销售人员的期待——他们亲口所述。简而言之，这就是客户们在说：“我希望这样被推销。”每次演示自己的产品或服务时，你能做到以下列表中的几点呢？这些客户要求将有助于你提高签单成功率。如果你能将它们融会贯通，那么你就更有能力与客户建立私人关系而最终签下定单。

客户亲口所述对你的期待：

• **不要拐弯抹角。**我可不想听你滔滔不绝地夸夸其谈。等你对我有所了解后，最好有话直说。

• **不要骗我。**不要使用“坦白讲”这个词，它会让我紧张。如果我对你说的话有怀疑或者我知道不是真的，那么你就会出局。

• **我想要一个有操守的销售员。**律师的操守通常不会受到质疑，但是由于少数害群之马，销售员的境况则恰恰相反。你的操守需要靠行动而非言语来证明。（把操守挂在嘴边的销售员往往最没有操守。）

• **给我一个理由，告诉我为什么你的产品/服务最适合我。**如果我需要你推销的产品，那么我需要知道购买它能给我带来哪些好处。

• **给我一些证据。**如果你能证明你说的话，那么我更有可能会购买。给我看一些纸质材料，增加我的购买信心或者让我更加确认自己的决定。（客户经常说：“多数销售员我都不相信。他们会说谎，就像我们一样。”）

• **告诉我，我不是个案；告诉我，有人与我的处境类似，而他最后成功了。**我不想是第一个或者唯一的一个，我需要知道你的产品对别人有效果，或者你还有别的客户。如果我知道有人跟我的处境类似（或者他的情况跟我类似），而他买了你的产品后很喜欢或者感觉很有效，那么我会对你更有信心。

• **我想看忠实客户的来信。**一个客户现身说法远比100场产品演示都更有效。

• **告诉我并且证明给我看，我买了你的产品后能享受售后服务。**过去有太多人承诺给我售后服务，但他们最后都没有兑现。

• **告诉我并且证明给我看，你的价格公道。**我想要确认你的产品定价公道，我没有多花钱。最好你能让我觉得很划算。

- **告诉我最合适的付款方式。**如果我钱不够，但是依然想购买你的产品，那么告诉我可以变通的付款方式。

- **让我有选择权和决定权，不过你的推荐需要有明显的倾向性。**坦白地（嗨，如果我不能用这个词，你也不能）告诉我如果是你的话，你会花钱买哪个。

- **确认我的选择。**我可能会担心自己做出了错误的选择，因此你需要帮助我坚定我的选择。告诉我产品能给我带来哪些好处，让我能对自己的选择更有信心。

- **不要跟我争论。**即使我错了，我也不需要一个貌似聪明的销售员指出来（甚至证明给我看）。也许他能赢得争论，但他会失去这笔订单。

- **不要让我困惑。**你说得越复杂，我就越不可能购买。

- **不要告诉我负面的信息。**我想要一切都很好。不要说别人（特别是竞争对手）的坏话，也不要抱怨你的公司、你自己甚至是我。

- **不要用高人一等的口气对我说话。**销售员常常认为他们自己无所不知，而认为我是个笨蛋。不要觉得我想听什么，你就说什么。我这么笨，我想我会从别人处购买。

- **不要说我买错了或做错了什么。**如果我做了什么，我希望自己是做对了，并对此感觉良好。如果我真的做错了，那么机灵点，告诉我别人也做错了。

- **当我说话时，你要认真听。**我是在告诉你我想买什么，而你却忙于把你所拥有的产品都推销给我。请闭嘴，听我说。

- **让我觉得我是特别的。**如果我打算花钱，那么我想花得舒服，而这则完全取决于你的言行。

- **让我开怀大笑。**如果我觉得很开心，那么我更容易购买。我能笑代表我认同你，而你需要我的认同才能与我达成交易。

• **对我做的事情感兴趣。**我做的事情可能对你并不重要，但却是我的一切。

• **当你对我说话时，保持真诚。**如果你只是想骗我的钱，我能感觉得到。

• **如果我不想购买，不要使用老掉牙的销售策略对我狂轰滥炸，强迫我购买。**不要上来就是销售员的套话。你要听起来像个朋友，或者像个试图帮助我的人。

• **实现你推销时许下的所有承诺。**如果我选择购买你的产品，而你却让我失望了，那么很有可能我不会再买你的产品。

• **不要向我推销，而是要帮助我购买。**我讨厌被推销，但是喜欢主动购买。

以上是客户亲口所述的25个期待。花十分钟回顾一下你的销售演示及销售理念里包含了几个。

客户掌握着终结你销售策略的终极工具——他们只需拒绝购买；客户也掌握着成全你销售策略的终极工具——他们只需签单购买。

设想一下，你的客户和潜在客户都非常想要购买你的产品。他们会不知道你忙吗？那么他们为什么还不回复你的来电呢？

请回复我的电话。

坦白讲，销售人员希望得到怎样的对待？

销售人员也有感情。如果你是客户、企业主或首席执行官，那么我问你：你如何对待销售人员？你想知道销售人员希望得到怎样的对待吗？

我曾经同数千名销售人员谈过话，他们都提到了希望客户或潜在客户做什么（或者不做什么）。如果你是公司的决策者，你能坦白地（又是这个词）告诉我在与销售员的相处中，你能做到以下几点吗？

重要提醒：本节并非关于销售人员倾诉他们受到了怎样不公正的待遇，而是告诉你销售人员为了与你——他们的客户——建立关系需要哪些必要条件。

不知你是否曾自问过："如果我是销售员，那么我想要什么？"答案就在下面。

- 请回复我的电话。这是销售员抱怨最多的一点，特别是在你收到了语音留言之后。你难道就不能抽出两分钟回一下我的电话吗？难道你不想别人回复你的电话吗？

- 如果你在家，那么请接我的电话。如果你把我的电话过滤掉了，那么请不要把我这个人也过滤掉。前几天我曾给夏洛特地区最大的邮递公司联合邮政的老板迪克 · 基特尔（Dick Kittle）打电话。我在电话里问道："迪克在家吗？"就在下一秒，一个声音答道："我就是迪克 · 基特尔。"我说："迪克，难道你不过滤电话吗？"他回答："我不想错失任何机会。"我敢说他肯定基本抓住了所有的机会。

• **不要让你的守门人告诉我："约翰逊先生不见没有预约的任何人。"**守门人至少应该具备最基本的礼貌，告诉约翰逊先生我来了，让他做最后的选择。白痴。

• **告诉我实情。**与其对我虚与委蛇或者对我说谎，我宁愿你告诉我实情。你要敢于保持真诚，你也想让我这么做，不是吗?

• **如果你不是决策者（或者不是唯一的决策者），那么告诉我谁是（或者还有谁是）。**不要浪费彼此的时间。我喜欢你，但是我想跟（所有的）决策者谈话。

• **当我做产品演示时，请告诉我你的感受。**如果我做对了或做错了什么，那么请告诉我，这样我就能更好地为你服务。

• **当我做产品演示时，请给我百分之百的关注。**不要打电话，不要读你的邮件，也不要有人跑来跑去。谢谢。

• **告诉我你拒绝的真实原因。**如果你这么做，那么这对我们两人都有益。你拒绝的真实原因将缩短销售过程，提高我们两人的工作效率。你不会伤害我的感情，而我真的很想知道实情。

• **请言出必行。**示例：如果你告诉我你将在周三做出决定，那么请在当天接我的电话，并且告诉我你的决定。示例：你告诉我周五给你打电话约定会面，所以我周五打了过来，但是你的秘书却说："哦，他出城了，得下周二才能回来。"基本的礼貌、说到做到，这个要求并不高，不是吗?

• **不要告诉我你想再考虑一下**。我讨厌这一点。请告诉我你拒绝的真实原因是什么或者你的真实感受是什么。承认吧，其实你已经做出了决定。

• **不要告诉我这不在预算之中或者你今年的预算已经花完了**。告诉我你觉得我的产品或服务怎么样；告诉我你是要现在、明年购买或者永远不会购买我的产品。

• **如果你没有钱但是想现在买，那么请直接告诉我，以便我为你安排合适的支付方式**。不要让你的自尊或自负成为销售的绊脚石。销售人员经常（事实上，大多时候都是这样）会碰到没有钱的人，但是他们仍然愿意帮忙。

• **不要耍花招**。不要说："我在别处可以少花500美元买到，你能便宜点儿吗？"或者"我打算到处转转，看看你的产品是不是最划算。我会打电话再找你。"请对我直接一点儿。如果你想建立长期的合作关系（就如同我一样），那么请坦白一点儿。

• **请尊重我**。基本的礼貌（大订单除外）往往最能加深我们的合作关系。

• **如果你需要跟别人见面后才能做出最终决定，请让我出席会面**。我可以解答会面中必然会出现的有关我的产品或服务的问题。

• **请准时赴约**。我不愿意等人。你跟我约在10点，然后你10点30分才来，这不公平。你说："不好意思，我有点儿事情。"我会说："没关系。"但是，这并不是我真正的想法。如果你希望我守时，那么请你也做到这一点。

• **不要爽约**。有时候你会说："只是个销售员，见不见有什么不同？"不同在于你是否有基本的礼貌。让我知道你是个可以信赖的人，就如同你对我的要求一样。

• **现在就决定**。如果你已经做出了决定，那么为什么不现在就告诉我？

- **当我要求签单的时候，你就签吧！**尽管这只是一个梦想，但是我还是忍不住把它列在这里——毕竟这是销售员最想要的。

嘿，首席执行官先生，如果你们没有时间、不愿或者足够无礼到不回复销售人员的电话，那么我想问你：你有销售人员吗？你是否也希望你的销售人员受到的待遇跟你对其他销售人员一样呢？下次你再不回复销售人员电话时，请思考一下这个问题。

销售过程将会出人意料的简单，前提是客户能够遵守一条法则——黄金法则。

如果把这条法则送给首席执行官或者决策者们，那么它肯定能对销售过程产生巨大影响。黄金法则首次亮相：

致首席执行官的销售黄金法则：

你想让客户或决策者怎样对待你的销售人员，那么就按照同样的方式对待其他销售人员吧。

热键是带你从产品演示走向订单的桥梁。

狡猾的热键，你怎样找到它？

所有的销售培训都包括这样一句话：如果你想签下订单，那么一定要按下热键。好极了，那么热键在哪里？只需抬眼一看，只需开口一问，只需侧耳一听。

你所需要做的只是保持警惕。

只有在你找到热键后，按下它才能有效果。以下列出了在谈话中发现个人或企业热键的几种方式（重要提醒：个人热键比企业热键更有效）：

- **询问关于状态或情况的问题。**他去哪里度假、他的孩子上的哪所大学、他的企业现在经营得怎么样以及他的企业发展史。
- **询问令他感到自豪的问题。**事业上最大的成功是什么以及今年最大的目标是什么。
- **询问关于个人兴趣的问题。**他闲暇时都做什么、他喜欢什么运动以及他有什么爱好。

- **询问如果他不需要工作将会做什么。**他的真实梦想及抱负是什么。
- **询问他的目标。**他的企业今年的首要目标是什么？如何实现这一目标？实现这一目标的最大障碍是什么？
- **仔细观察他的办公室。**重点注意那些与众不同、分开摆放或看起来更大、更显眼的物品。寻找照片和奖杯，并询问来源。

询问和观察是最容易的部分，而倾听则是最难也是最重要的部分。**热键就在谈话中。**

1. **注意他谈到或提到的第一件事。**在回答问题时，他最先说出的通常都是他最关切的。对你而言也是如此：你想得最多的事情通常也会最先说出来。这可能不是最终的热键，但是有助于你找到它。

2. **注意他做出第一反应的语气。**语气将反映紧迫性及重要性，而他的手势及音量则能反映他的激情。

3. **注意不假思索的反应。**毫无疑问，条件反射下的回应是最能说明问题的回应。

4. **注意冗长的解释或故事。**有细节描述的讲述通常最令人关注。

5. **注意反复出现的陈述。**反复提到的事情通常在大脑中占有优先位置。

5.5. **注意情绪化的反应。**注意带有激情或不同语气的陈述。

好的，你觉得自己找到热键了，那么现在就按下吧。

以下是4.5个按下热键的方式：

1. **询问关于重要性或意义的问题。**这些问题有助于你加深对于情况的了解。那件事情对你有何意义？它将如何影响你？

2. **询问有关你认定的热点话题的问题。**如果你边说边记笔记，那么你就能发现有几个热点话题。

3. **巧妙而委婉地提问。**将你的推销巧妙地隐藏在谈话中，观察客户的反应。如果你认为确定了一个热点问题（热键），那就提出合适的解决方案。

4. **在产品演示过程中，不要担心反复提到热键。**反复确认热键，注意潜在客户反应中的侧重点。

4.5. **使用“如果我（提出解决方案），那么你愿意（承诺或购买吗）？”**及其他类似表述。试一试“有一个办法……”此类提问或陈述，就能获得客户的真实反应，因为其中包含一个有可能击中热键的解决方案。

特别提醒：

- **热键有时是关于一个很敏感的事情。**热键可能会涉及一些潜在客户不愿谈及的问题。你要做的就是发现这个热键，并且利用它达成交易。你需要对情况做出最明智的判断。如果你感觉事情有点儿敏感，那么可以不用谈得很深入。
- **热键很狡猾，但是你还是可以通过一个问题，或通过注意观察找到它。**如果你注意倾听潜在客户的话，那么你也可以得到热键这个丰厚的回报。
- **热键是带你从产品演示走向订单的桥梁。**热键是直达电梯。热键将把你直接送到顶层（签单），前提是你必须按对了。

热键是带你从产品演示走向订单的桥梁，而你所要做的只是找到它。如何找到它？参考《演绎法，我亲爱的华生》。夏洛克 · 福尔摩斯在 1888 年曾说：“在不掌握数据前就进行推演是要冒着掉脑袋的风险的。”如果你想要找到热键，你必须学会做一个侦探。

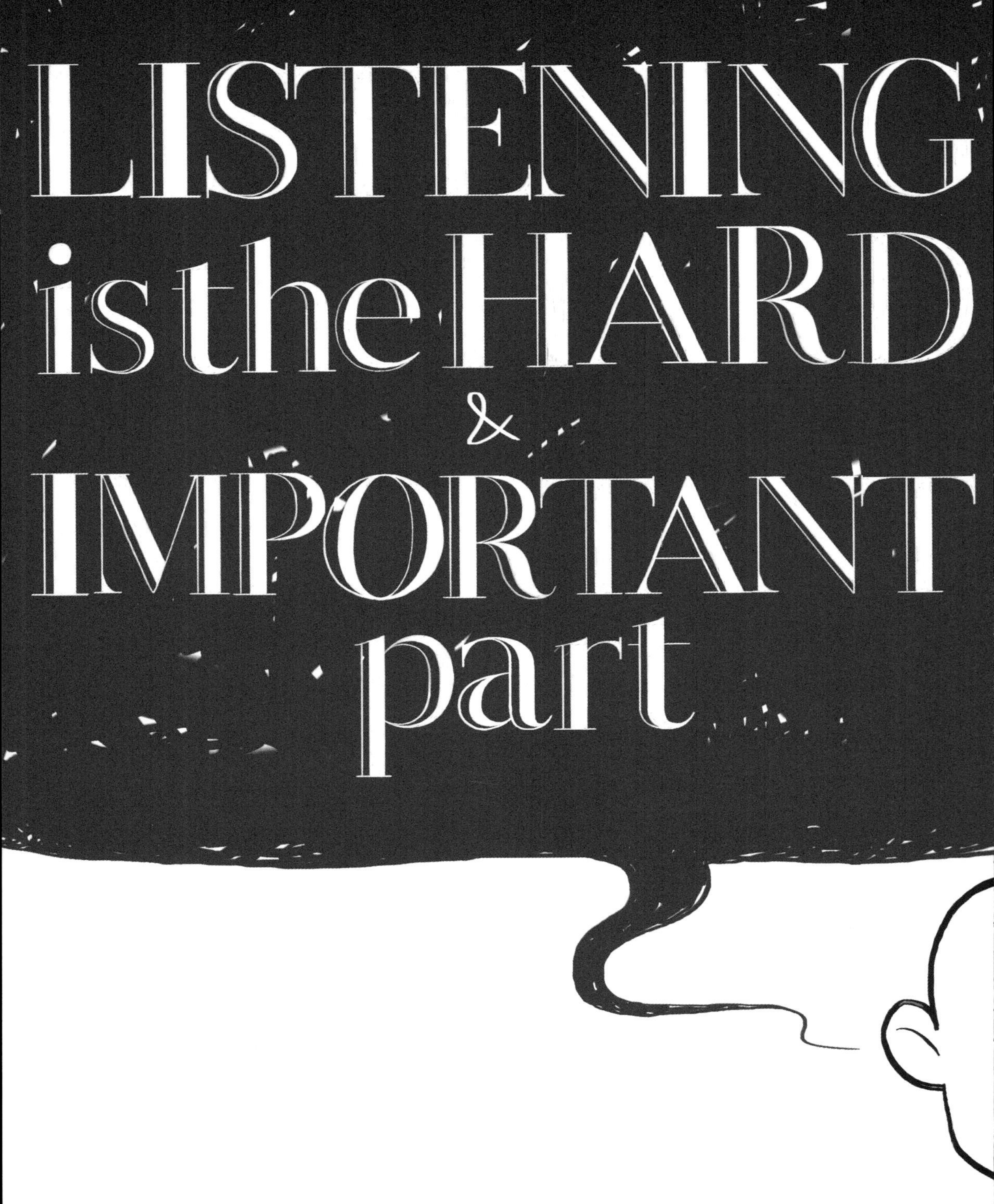

倾听是最困难也是最重要的部分。
Listening is the hard part. Listening is the important part.

“Listening is the hard part. Listening is the important part. The hot button is in the prospect’s response.”

– Jeffrey Gitomer

“倾听是最困难也是最重要的部分，
因为热键就在潜在客户的回答之中。”

——杰弗里 · 吉特默

第一部分
法则，秘密，乐趣

The Book of BIG Secrets

1.4 大秘密记

友谊比销售技巧更有助于达成交易

你最好的潜在客户就是你现在的客户

周一达成一笔交易

你的个人使命宣言

Eh, Confidentially, Doc Big Secrets…

呃，
我有一个秘密。
大秘密。

Okay, okay. We've established the fact that I can't keep a secret.

I knew that! But neither can you, loose lips.

Here are some deep, dark ones. A treasure map that will lead you to El Dorado.

Well, not actually, but if you follow these secrets, you can buy an El Dorado.

好吧，我们都知道我不能保守秘密。
我早就知道，其实你也不能保守秘密，大嘴巴。
这里深藏的秘密很少有人知道。这是一张指引你抵达黄金帝国的藏宝图。
其实，说它是藏宝图也不准确。不过，如果你掌握了这些秘密，你完全可以有能力买下一个黄金帝国。

如果你与客户是朋友，那么即便是最强劲的竞争对手也无法把你从客户身边赶走。

友谊比销售技巧更有助于达成交易

你的母亲说的最好。孩提时代，当你与兄弟姐妹或者朋友吵架时，妈妈会说："比利，你应该懂事了。你应该同约翰尼交朋友。"

母亲从来没告诉你要对约翰尼使用各种或软或硬的销售策略，也没有告诉你要对约翰尼讲这样或那样的大道理。她只是告诉你要同约翰尼交朋友。

而这可能是你学到的关于销售和客服的最有效的一课。

正如一句古老的销售箴言："如果全部条件一样，那么人们喜欢同自己的朋友做生意。如果有些条件不一样，人们仍然喜欢同自己的朋友做生意。"据估算，有50%的订单都是因为朋友关系而签下。在我看来，这个数字应该更高一些。

在美国南部，我们经常提到"老朋友人际关系网"。而在美国北部，他们常说的是"你认识谁"。其实，归根结底能签单的就是朋友关系。

如果你认为你有最好的产品、最好的客服以及最低的价格，那么你就能签下订单——做梦吧，兄弟，你错了至少一半。如果50%的订单都是因为朋友关系而签下，而你又没能与潜在客户（或者客户）成为朋友，那么你就失去了50%的市场。

朋友之间做生意不需要销售技巧。仔细思考一下，当你想约朋友出去或者需要朋友帮忙时，你并不需要销售技巧，你需要的只是开口问一下。想签下更多订单吗？**你需要的不是更多销售技巧，你需要的是更多朋友。**

回顾一下你最好的客户们。他们是怎么成为最好客户的呢？难道你没有跟他们建立极好的关系吗？如果你能与最好的客户成为朋友，那么你就能省掉反复确认价格、议价以及确认送货时间的麻烦。甚至，即使你偶尔搞砸一次，你也不会失去他们。

与客户成为朋友还有一个额外的巨大好处——基本上没有竞争对手能对你构成威胁了。如果你与客户是朋友，那么即便是最强劲的竞争对手也无法把你从客户身边赶走。

大部分销售人员都认为除非他们有东西要卖给客户，否则他们的电话就白打了。这完全是无稽之谈。**没人喜欢被推销，大家都喜欢主动购买。**

你应该如何开始发展友谊或私人关系呢？慢慢推进。发展私人关系及建立友谊都需要时间。如果你读到这里的时候在想“我没有时间搞这些人际关系，我都在忙着推销呢”，那么请选择另外的职业——销售的工作你干不长。

友谊或私人关系开始于办公室以外的场所。以下列出了一些适合会见客户的场所。

- 球场上。

- 剧院里。
- 音乐会上。
- 画廊里。
- 商会的非正式聚会中。
- 社区互助活动上。
- 早餐、午餐及晚餐时。
- 你公司举办的研讨会上。
- 如果你的客户有孩子，那么搞几张巨幕影院的票，周末去一次。谈到巩固私人关系，巨幕影院是个很有意思的场所，而且并不只适合孩子们。

小心犯下大错误：如果你有门票，那么不要只把门票给客户们，而是跟他们一起去。跟能给你的公司带来财富的人们一起度过有意义的几个小时，有助于你加深对客户的了解，同时也能极大推进你与客户的关系。

加入一个行业组织，并积极投身其中。我是Metrolina商业理事会（MBC）的一员。MBC是一个历时27年的企业主集团和经理组织，它的主要目标是帮助成员获得业务及鼓励成员之间互相做生意。然而，MBC的成员不仅彼此提供业务，同时也建立了深厚的友谊及私人关系。关于这一点，你可以问任何一位成员。

善意提醒：这并不意味着你不需要成为一名销售大师，你仍然需要掌握必要的销售策略以便抓住另一半的市场。因此，你依然需要坚持阅读销售书籍以及在车里播放销售光盘。

从北部（新泽西的樱桃山）搬到南部（北卡罗来纳的夏洛特）以后，我明白了在事业上有朋友的重要价值。在南部，发展事业上的朋友相对而言要容易一些，而且这些朋友也更忠实。

我经常听到有人抱怨他们无法打入“老朋友人际关系网”，或者即使加入也无法如鱼得水。这都是胡说八道，而且是我听过的最差劲的谎话。有些销售员一直在说他不能给大家带来有价值的信息，也因此没能跟大家建立私人关系或者交到朋友。事实上，有人做到了。

使用销售策略，你只能赢得佣金；而经营人际关系与友谊，你却可以赢得财富。

如果你签下一笔订单，那么你赢得了一笔佣金。

如果你交下一个朋友，你则可以赢得巨额财富。

吉特默免费小礼品

想得到一些关于狡猾热键的善意提醒吗？请登录网站www.gitomer.com，在GitBit框中输入HOT BUTTON。首次访问用户需要注册。

你现有的客户有购买历史、有信用记录、喜欢你的产品、喜欢你……

你还在等什么？

你最好的潜在客户就是你现在的客户

想找新的潜在客户？谁不想！你可能有兴趣知道，有数百个非常有前途的潜在客户你都忽视了。他们就是你的现有客户。

你在以下10.5个方面有优势：

1. 他们认识你。
2. 他们喜欢你。
3. 你们建立了私人关系。
4. 你们彼此信任。
5. 你有良好的发货历史。
6. 他们尊重你。
7. 他们使用（和喜欢）你的产品或服务。

8. 他们会回复你的电话。

9. 他们更容易接受你的产品演示或产品。

10. 他们信用良好，而且都按时支付了此前的订单。

10.5. 你不用向他们推销，他们会主动购买。

思考一下：你是个农民。你决定要从邻居家而非你自己家的母牛身上挤奶。你走过你的牛棚，看见母牛们的奶都满满的——甚至它们的牛乳都涨得不得了，以至于它们请求有人挤奶，但是你却视而不见，直接奔向邻居家寻找牛奶。

提示：销售也是如此。当你的现有客户已经准备好购买你的产品时，你为何还要大费周章出去找新的客户推销呢？你现在的客户都在等着你，商机满满的。他们已经有了你想要的一切，而且签单成功率与拜访陌生客户相比比例是1000 ∶ 1。

以下列出了一些解决方案，可以让你的现有客户现在就从你处购买更多产品：

卖给他们新产品。人们喜欢购买新东西。你的热情将定下基调，让人们兴奋地认识到你的新（更好的）产品能够提供更好的服务或帮助他们增加产量。提前造势，约定会面，而后设法诱导他们购买。

卖给他们升级版或加强版产品。更大、更好及更快。自电脑软件问世以来，加强版及升级版产品就为该行业带来了滚滚利润。追加销售创造了巨额的财富，你只需问一问快餐行业。（一个问题“你要搭配薯条吗？”每年就卖出了数十亿美元的薯条。）

在不同的场合卖给他们同样的产品。你客户的企业是否有新的地方需要你的产品：不同的部门、业务增加或企业扩张、磨损与更新换代等。你可能需要费些力气找一找，但是在老客户的企业里你面临的阻力较之新的潜在客户要小得多。

卖给他们附加产品和服务。你的公司可能销售多种产品或提供不同类型的服务，而很少有客户会购买你的全部产品或服务。有些客户有时会说："哦，我都不知道你们也卖这个。"当你听到客户这么说时，不要责怪你的销售人员——责怪他们的培训老师。

设法与客户订立午餐约会。如果你能让客户离开他们的办公环境，那么通常你能发现更多的购买机会。让他们给你推荐业务，同时你也帮他们推荐。发展与客户的个人关系，你将因此签下更多订单。

设法让他们每月为你推荐一单生意。如果你的客户觉得你的产品或服务很好，而你也赢得了客户足够的信任，那么你的客户将把你推荐给他的朋友或生意伙伴。

每月为他们推荐一单生意。帮助你的客户获得业务能让他们对你另眼相看。如果你能介绍生意给他们，那么他们也会设法介绍给你新的订单。

小贴士：不管你是否能够签下订单，与客户多联系都有助于你改善与客户的私人关系和提高企业信誉。

如果你不愿拜访你的老客户，或者你找出一些蹩脚的借口"我已经把能卖给他们的都卖给他们了"，那么这说明：

1. 你与客户未建立足够的信任。

2. 你售后未做跟进或者跟进做得不好。

3. 你的客户有一些问题，而你不愿意打开这个潘多拉的盒子。

4. 你需要接受更多的销售和创新培训。

4.5. 你未与客户建立正常的关系。

大部分销售人员都认为除非他们有东西要卖给客户，否则他们的电话就白打了，这是大错特错。

有些销售人员签下一笔订单就去寻找新的潜在客户，他们让我赞叹。

不过，我敢保证如果你仔细（和诚实地）审视你的客户名单，你会发现里面藏有数百个销售商机。

与拥有 1000 个潜在客户相比，我更想与 100 个忠实客户做生意。

拥有成功一周的秘密在于把周一当作跳板。安排在周一上午与你最有可能签单的潜在客户碰面。

周一达成一笔交易

这同会发生奇迹

我经常被问到销售业绩保持稳定有没有什么秘诀，答案很简单：经营好周一和周五。

你每周第一天的工作情况将为整周定下基调，而你周一的工作情况则又全部基于你上周的工作结果。如果你可以自觉遵循下列方法，那么你每周的工作效率将会发生令人难以置信的变化。

以下 8.5 个方法有助于你保持销售业绩稳定。

1. 周一上午的第一要务就是要签下一笔订单。为周一上午安排一个约会，你要确认这个约会能让你成功签单。如果你一周一开始就能签下一笔订单，那么你整周都会感觉良好，同时这也会让你蠢蠢欲动、精神焕发以及更加努力地工作（以便签下另一笔订单）。

小贴士：考虑到许多公司周一上午都要开销售会议，因此你的约会需要尽可能提高效率。销售会议结束后立刻就打电话。如果时间允许的话，周一早上就打电话。很多决策者都习惯早起。

2. **保持学习新知**。与其总是收听老新闻或老歌，不如在你的家庭音响或汽车（或两者都有）里塞进一张培训或励志光盘。试着学习有助于你周一签单的新知识。如果你在赴约路上学到了新的解决方案，那么不妨几分钟后就把它付诸实践。

3. **为接下来的几天订立至少五个会面**。为什么不让你的周一充满成功和积极的预期呢？选择权在你手里。拿起电话，朝着这个目标努力。

4. **整周都要拼命工作——特别是周五**。你每周最后一天的工作结果将为下一周定下基调。多数人周五都会懈怠，如果你周五努力工作，那么这将确保你下周会成功，同时你周末也有理由愉快地度过。

5. **保持学习新知**。按照规律的计划，坚持每周进行销售学习，这对你的成功而言同样重要。然而，务必确保周五上午注意倾听。

6. **周五下午签下一笔订单**。周五下午安排一次签单。以积极的结果来结束每周的工作是至关重要的。

7. **周五需确认及巩固周一的会面**。如果你之前的四天都在努力工作，那么你肯定已经为下周一订下了一个十拿九稳签单的会面。周五再次致电潜在客户，确认周一的会面。

8. **为下周订立至少五个会面**。为何不确保你下周有个充实的安排呢？这样你在周末就可以充分放松，而不用担心会面太少。对自己承诺：除非我已为周一订立了十拿九稳的签单约会，并且也为下周安排了五个会面，否则周五我不会下班。

8.5. 拥有成功一周的秘密在于把周一当作跳板。大秘密则是周一上午通过拜访客户启动一周的精彩，更大的秘密就是要储备足够多的优质潜在客户，以便使周一签单成为可能。最大的秘密：掌握尽可能多的优质潜在客户。

这听起来不难。

> 约定会面、收听培训光盘、签单。这不难，但也不容易。然而，如果你足够努力，你就能做到。

我能向你承诺一件事。遵循上述指导原则，你就能保持销售业绩稳定，同时也能财源滚滚。现在我已经把秘密告诉了你，那么眼前的问题就是：你将如何使用这个秘密？

吉特默免费小礼品

想知道纽约的古根海姆博物馆与销售成功有何共同点吗？请登录网站www.gitomer.com，在GitBit框里输入TOP DOWN SELLING。首次访问用户需要注册。

我强烈建议你自己写你的个人使命宣言。当你的个人使命宣言逐渐成形时，你的性格也得到了锻炼。

你的个人使命宣言

个人使命宣言将融合你的主张、人生哲学以及目标。这是一个聚焦你的目标的机会，同时也可以将你的理想与现实世界连接起来。

这是一个你自己创作自己遗产的机会，同时也是对你个人的挑战。这听起来也许有些沉重，但实际操作起来却是充满乐趣。

以下是一些基本原则：

- 定义你自己。
- 定义你全力以赴的事业。
- 定义你为他人提供的服务。
- 确定你如何努力变得更好、尝试新鲜事物以及不断成长。
- 定义你对自己的承诺。

- 定义你对他人的承诺。
- 确定你将如何完成你的使命。

你的个人使命宣言可能会用到以下词语：恒心、尽心尽力、坚持、诚实、操守、积极、激情、乐趣、健康、学习新知、倾听、乐于助人、给予、鼓励、他人、不间断、榜样。

使用你的目标和愿景定义你的使命：

- 你想树立的榜样。
- 你生活所遵循或想要遵循的理想。
- 为了变得更好，你每天勇于激励自己的格言。

个人使命宣言成形需要时间。先写一个草稿，然后搁置几天。再次阅读并做修改，以便宣言能更好地表达你的真实感想。描述心目中的自己、理想中的自己以及你想达成的目标。

不要因为赞美了自己而感到困窘，因为你的个人使命宣言是写给自己而非他人看。肯定自己现在的状态以及未来的奋斗目标，不妨带些洋洋自得及探险精神。

将个人使命宣言粘贴在每天都可以看见的地方，并用黑色粗头签字笔签下自己的名字。

每天都要以宣言为准则进行生活。

文末附上了我的个人使命宣言，以供大家作为模板参考。不用顾忌，可随意改写。我跟大家分享我的个人使命宣言是因为它曾在困难时期帮我实现了一些艰巨的目标。

我强烈建议你自己写你的个人使命宣言。当你的个人使命宣言逐渐成形时，你的性格也得到了锻炼；在生活被迷雾笼罩时，你的个人使命宣言就是照亮前进方向的灯塔。它是你选择的人生之路，而你每天都在逐步完善它。

你的个人使命宣言就是照亮前进方向的灯塔。
Your personal mission statement serves as a beacon of light in the fog of life.

杰弗里 · 吉特默

个人使命宣言

我是一个父亲……

我将成为一个积极的人，树立一个积极的榜样。

我将鼓励我的孩子、给予他们自信以及帮助他们了解这个世界。

我将成为一个好人……

在我的能力范围内，我将努力帮助他人，但是不会牺牲自己的目标。

当我可以做到，我会回答“行”；而当我做不到，我会回答“不行”。

我将成为友人希望拥有的朋友。

当我有需要时，我不会因为向他人寻求帮助而感到羞愧或困窘。

我想努力成为业内领袖……

在我有关销售、客服以及个人发展的著作中，我将继续以身示范、身先士卒。

我将具备专业的技术和经验，以便向企业及个人提供高质量的计划、报告、培训、建议、专长以及客户支持。

我将努力与客户及供应商发展高质量的长期关系，并与我遇到的企业和个人进行公平和诚实的交易。

我将帮助我的客户找到最佳的解决方案，帮助他们解决销售、客服以及个人发展需要等方面的问题。我将用心倾听我的客户，为他们提供有价值的信息及最高水平的卓越服务。

我将用心服务社区，彰显我对同事、客户以及朋友的承诺，同时也对他们以及社区曾经给予我的帮助表示感谢。

当我独处时，我将努力做到最好，以便他人有需要时我可以尽全力予以帮助。我将对从事的一切工作充满热情。我将尽全力保持身体健康，争取每天都能学到新东西，同时每天也会过得很愉快。我会将积极的态度贯彻到每一天。

第一部分
法则、秘密、乐趣

The Book of Humor

1.5 幽默记

签订单过程中的趣事

Laugh Last!

笑到最后！

Humor…

If you're serious about succeeding at a sales career, it's time you started looking on the lighter side.

Go ahead, make me laugh.

Humor melts ice.
It warms the coldest of hearts.
It makes sales.

They'll be laughing
all the way
to the bank…
your bank.

幽默……

如果你真的想在销售事业上取得成功，那么你是时候搞点儿幽默了。

来吧，让我开怀大笑。

幽默能融化坚冰，
温暖最冰冷的心灵，
签下订单。

他们将一路开怀大笑，
直到心甘情愿地把钱存到银行，
你的银行。

如果我能让潜在客户或客户开怀大笑，那么我就能让他们购买我的产品。你也是一样。

签订单过程中的趣事

当你上门推销而遭到潜在客户拒绝时，你可以对他们表示感谢，告诉他们来自他们的拒绝让你离签单更近了一步。你可以告诉他们你非常感激他们，而通常五个拒绝才能换一个订单，你还差三个拒绝。你可以询问他们是否还认识别人可以拒绝你，以便你收集到换取签单所必需的三个拒绝。你告诉他们你需要别人拒绝你，这样可以让你更快地签下订单。潜在客户会因为你的这番话开怀大笑。在你的销售过程中，你究竟使用了多少幽默因素呢？足够多到签下订单了吗？

幽默是销售过程中需要掌握的最为重要的沟通工具。如果你能让潜在客户或客户开怀大笑，那么你就能让他们购买你的产品。

幽默是建立私人关系的最快方法。幽默可以通过超越（及揭示）一切偏见和刻板印象而拉近人们之间的距离。它将销售过程还原到一个真实的层面，有助于了解各方的真正关切。我发现幽默可以揭露许多真相。如果你认真倾听一个潜在客户的笑话，那么你就会发现它通常能反映客户的哲学、偏见及智慧（或者缺乏智慧）。

以下列出的指导原则可以引导你运用幽默技巧签下更多订单。

- **运用幽默为产品演示暖场，由此为会面定下快乐的基调。**你越早能让潜在客户开怀大笑，结果可能就会越好。笑声是另一种形式的认可。

- **笑话要避免取笑他人。**如果潜在客户碰巧认识这个被取笑的人（你永远不知道谁认识谁）或者与这个人有亲戚关系，那么你就死定了。而如果这个笑话由此传开，肯定会被反复修改，并最终会让你付出代价。

- **笑话不妨取笑自己或以自己举例。**这说明你是个普通人且心胸宽广，而且这也是最安全的幽默形式。

- **总会有人听不懂你的笑话。**笑话讲完却没人笑，这是很恐怖的结果。在你真正要讲一个笑话前，不妨先找人预先演练一遍，以便确定你的笑话是否可以逗笑别人。然而，不管你的笑话事先演练过多少遍，有些人的神经就是会缺根弦，永远听不懂你的笑话。

- **除非是你的种族，否则不要讲有种族偏见的笑话。**这并不是一条指导性的原则，而是一条必须遵守的法则。我的一位朋友与我持有不同意见，他认为你讲种族笑话是在暗示同意他人也可以讲类似的笑话。对于这一点，我的感情很复杂。我还是更愿意遵循幽默的真实性原则，让潜在客户自己决定是否讲种族笑话。不过，对于我朋友的意见，我表示尊重。

- **讲笑话前先要注意倾听对方的讲话。**不妨先了解一下对方是怎样的人以及有着怎样的性格。好的幽默确实能让你销路畅通，但坏的幽默同样也能让你一招毙命。

• **笑话不妨改编自个人亲身经历，而避免讲老掉牙的笑话。**不妨讲一些发生在你的办公室里、你孩子身上或者在你还是个孩子时的笑话，而不要总是讲："从前有两个人，正在路上走……"

• **如果你的潜在客户或客户曾经听过你讲的笑话，那么你的笑话可能会起到反作用。**这就是为什么你的笑话最好以个人亲身经历为题材，因为这样才能尽可能保证你的客户或潜在客户是第一次听到你讲的话。

• **时机，时机，时机。**适时插入的笑话能有效地赢得潜在客户或围观群众的支持。不过，这里要事先提醒一下：永远不要给第一次见面的人讲政治或宗教笑话。如果时机不合适，也不要着急讲笑话。

• **建立笑话档案。**随手记下有趣的事情或经历，以便在销售或演讲的时候你能想起它们。

• **幽默有些固定的形式。**男女双方喜欢拿对方开玩笑，宗教组织也倾向于拿其他宗教开玩笑，而同一个笑话讲给相邻的两个州，其"笑"果可能正相反。在北卡罗来纳州，笑话多是关于西弗吉尼亚的农民；而在印第安纳州，笑话又都是关于肯塔基的农民。当然，如果你是纽约人，那么世界其他地方的所有人都是农民。

• **讲黄色笑话需要冒很大的风险。**如果黄色笑话讲给了错误的对象听，那么你将面临很大麻烦。在开口讲笑话前，提前了解你的听众的底线。

• **使用幽默将问题转变为机会。**在你做完30秒的电话推销后，你询问潜在客户是否愿意见面详谈。你的潜在客户问道："这得花我多少钱？"你回答道：

“哦，电话推销我不收取费用。”

• **不要害怕首次推销，不妨一笑而过。**许多销售人员都不喜欢或者恐惧首次推销。一个销售员曾告诉我，他最大的恐惧就是首次拜访某公司时被该公司扔出门外。我给他的应对建议是：那你首次拜访的公司只能选只有一层的公司。

• **将现实世界的幽默应用到现实世界的销售情境中。**我在给一屋子的烟民做产品演示。我讨厌吸烟，所以我给他们讲了一个我和我的烟民朋友贝姬·布朗的故事。我们俩边开车边聊天，贝姬·布朗在抱怨戒烟很难，她一直在努力戒烟，但是一直没成功。我问道：“你试过口香糖吗——你知道的，就是尼古丁口香糖？”她答道：“我试过了，但是怎么都点不着。”我最终签下了订单。如果你能让潜在客户们开怀大笑，你肯定能让他们购买你的产品。

“屋顶有点儿漏，壁炉也坏了，下水管道也需要修一下，但是房子位于全宇宙最伟大的星球上。”

QUESTION ? OPPORTUNITIE

使用幽默将麻烦转变为机会。

Turn questions into opportunities with humor.

第二部分
做好万全准备，让潜在客户惊艳

The Book of WOW!

2.1 惊艳记

加入让人惊艳的元素，拿下大订单

你在使用让人惊艳的元素吗？

还记得我吗？我是个销售员，跟其他的销售员一样

Why ask "Why?"

"我是最伟大的人！"
——穆罕默德·阿里

Question:
- How do you build rapport?
- How do you determine prospect needs?
- How do you establish buyer confidence?

Answer: Question.

The idea of asking and answering questions is the heart of a sales presentation.

Without questions, you'll have no answers.

Without answers, you'll have no sales.

Without sales, you'll have no money.

Any questions?

你只是另一个带着名片的销售人员吗？
你的推销演讲冲劲十足吗？
他们会在你出门后就把你忘了吗？
他们还会接听你的电话吗？
会回复吗？
如果你不能在潜在客户面前脱颖而出，那么你就只能站在街上现眼了。

令人惊艳的元素会让你脱颖而出。

使用令人惊艳的元素会让你的潜在客户变成客户。

加入让人惊艳的元素，拿下大订单

如果你能令人惊艳，那么这显示出你有与众不同的能力。令人惊艳的元素与你的签单率直接相关。如果你不能让潜在客户们眼前一亮，那么有很大的可能你就不能签下他们的订单。我的专栏《销售技巧》取得了很大的成功，因此我想以此为基础出本书。于是，我便去了纽约，向出版商们推销我出书的想法。在这个过程中，我就加入了令人惊艳的元素。

背景及准备工作：我的准备工作就足以令人惊艳。我准备了封面设计原型样品及设计模型；我写了一个15页的企划书，另外还附上了多封推荐信；我准备了多媒体的演示；我设想了一个大胆的市场营销概念——我的书籍将加入电脑磁盘和钱包大小的记忆卡片以求与众不同；我构思了我的推销演讲，并且预演了能想到的各种拒绝；我挑选了自认为合适的服装；我一切准备就绪。

我挑选了十个出版商，并且在抵达纽约前就已经与四个取得了联系。我还与最喜欢的出版商（隶属一家大型的出版公司）敲定了一个约会。暂且先把这个人叫作出书先生吧。

我是这样敲定约会的：我打了七通电话才得到出书先生的姓名和分机号码！我又打出了第八通电话——中了！出书先生亲自接听的电话。（他后来告诉我："一般这个电话响起时，事情通常都比他手头的事情重要。"）我用一分半钟向出书先生做了个简短介绍，告诉他一切必须知道的事情，他看起来有点儿兴趣。我告诉他我会给他发一个企划书，而且询问他是否愿意同我安排一个五分钟的约会。他说："老掉牙的五分钟约会伎俩。你是读了哈维·麦凯那本书吗？"

我回答说："听着，哈维·麦凯是来自明尼苏达州，而我是来自新泽西州。他的那一套都是跟我学的。"出书先生哈哈大笑，同意了我的五分钟约会。（我用隔天到的空邮向出书先生寄出了我的企划书。）

我有两位良师益友帮助我准备了我的演示。泰·博伊德（Ty Boyd）是夏洛特 20 多年来的发言人，同时是我遇到的一个最好的人，他助我找到了正确的道路。比尔·路易斯（Bill Lewis）当时就在曼哈顿，而且已经出版了 20 本书。（我每天到他家报到一次，聆听一小时的培训和鼓励。他对我的成功帮助很大。）

初次约会。我走进出书先生位于曼哈顿中城的办公室，他说："好吧，吉特默，我读了你的企划书，现在给你五分钟的时间。"我立即就开始了推销演讲，先是简单说了背景，而后直奔演示的核心，把我的书籍原型放在他的手里，还插入了两个私人的问题（为了拉近关系），最后在五分钟内结束了演讲。接着我开始提问、倾听以及记笔记。（他说的时间越长、提的问题越多，我成功的可能就越大。）45 分钟过去了，我仍然在他的办公室里。

出书先生说："我有兴趣。把你的东西留在这里，我跟我的首席执行官看看。”我当时想，太棒了。

等一下，东西我只有一份，而我未来三天还有另外三个出版商要见。这个出书先生竟然想留下我一半的演示道具。

“你们什么时候碰面？”我轻声问道。“本周结束前。”他说，试图抢占谈判中的优势地位。（这时，我冒险说了一句话。）

“我有一个小问题，需要你的帮助，”我说，“未来几天我还有几个会面，你觉得有可能在明天跟你的首席执行官讨论这个事情吗？”

“应该行。”他说。

“太好了！我建议可以把约会定在明天下午，”我说，逼得他没有转圜余地，“下午 4 点 30 分，可以吗？”我问。他说：“我看行。”

我当时兴奋得只想尖叫。我一路又唱又跳地走回酒店。（在曼哈顿，你可以做你想做的任何事。没人会注意到、看到或关心。）

我回到我的房间，发现门缝里塞了一张出书先生的电话留言。我打过去，他说：“明天的约会能提早一些吗？我想多叫几个人在场。”

“好的，没问题。”我不假思索地回答。（这种反应可以说是购买信号的准确定义。）

第二次会面。第二天我提早十分钟抵达约会地点。出书先生把我带进一个会议室，以便我调试我的电脑演示资料。全国销售经理随后走了进来，我必须让他相信我的书有销路。我开始播放我的炫目的多媒体演示片。他上身前倾，看得目不转睛，差点儿就从椅子里摔出来。现在是时候把我压箱底的妙招拿出来了。我开始谈论我想到的补充分销方案。我告诉他，我很愿意跟他一起做一些上门推销工作。他现在已经完全相信我的书能大卖了。

我们随后开始谈判如果同意给我出书，我想要什么样的条件。预付款、版税、宣传。出书先生问："如果我开出这样的条件（他一条条地列了出来），你会接受吗？"（买卖双方的位置互换了，现在他在问我是否愿意签单！）"当然。"我说。"我会在明天中午前给你打电话，告诉你最后结果。"他说完走出了会议室。

18 个多小时的漫长等待……

第三次会面。等到下午 1 点，仍然没有电话。于是，我给他打了个电话。他生硬地说他还没有见到大老板，要等会儿才能给我打电话。我趁机告诉他我下班前想过去一趟，取回我的一些材料。他同意了。我当时已经紧张得不行了。3 点 30 分，我收到了他的电话留言。我决定不回他电话。4 点 45 分，我直接出现在他的办公室。他让我一直等到了 5 点 20 分。他走出来迎接了我，并且说了那句神奇的话——让我们谈谈正经事吧。

哇！我刚才签下了人生中最大的一笔订单。

小贴士：失败是成功之母。我总共联系了十个出版商以及两个经纪人，全都是第一次打交道。六个出版商拒绝了我或者说我需要找个经纪人跟他们谈，一个经纪人告诉我不行，而另一个根本就没回复我的电话。

我在收集拒绝信，以便到时候裱到我的书四周。

我真的不知道其他的出版商如果看到我这一套令人目眩的多媒体演示，他们是否会最终同意帮我出书。令人惊艳的元素不会一直有效，但肯定比不含令人惊艳元素的推销材料有效。

使用令人惊艳的元素需要勇气和技巧。我为使用惊艳元素做足了准备，并且很幸运地最终取得了成功。我推荐你也准备一些令人惊艳的元素，这样你成功的概率就会大很多。

任何人都能使用令人惊艳的元素。

问题是大多数销售人员都不愿付出足够多的努力来创造令人惊艳的元素。

你在使用让人惊艳的元素吗?

销售中最有效的一个工具就是与众不同。

令人惊艳的元素是什么?令人惊艳的元素就是订单。

令人惊艳的元素将强者与弱者区分开来。

令人惊艳的元素将真诚者与虚伪者区分开来。

令人惊艳的元素将签单成功与签单失败区分开来。

令人惊艳的元素全面反映了你的销售技巧以及运用技巧的能力。

你令人惊艳吗?你的销售过程运用了令人惊艳的元素吗?

你如何令客户惊艳?

以下列出了创造令人惊艳效果的8.5条指导原则。你可以对照衡量你的

销售过程中运用了多少令人惊艳的元素。

1. **坚持不懈，直到你找到潜在客户。**将产品信息传达给他，并了解到有关他的信息，成功与他约定会面。

2. **掌握潜在客户信息。**你对潜在客户及其业务的了解对于你是否能够成功签单至关重要。请比照营销学经典问卷麦凯 66 法则（Mackay 66）来确定你需要掌握多少信息。登录网站www.gitomer.com，在GitBit框里输入MACKAY66。首次访问用户需要注册。

3. **做好万全准备。**制作完美的产品演示，并反复演练。撰写企划书介绍你所销售的产品或说明你要达成的目标。准备辅助工具和文件。设想所有可能的拒绝、惯例及考验，并事先演练如何一一应对。

4. **提前十分钟到场。**最好能提前一些到场，而迟到无一例外地都会带来灾难性后果。轻装赴约（只携带演示必需品）。

5. **职业化。**请选择有质感的衣服、职业化的配饰、手提包以及名片，给客户留下干净利落的印象。

6. **开门见山，而后开始提问、倾听、再提问。**不要兜圈子，直奔重点。产品介绍不要超过五分钟。当潜在客户讲话时，请用纸笔记下重点，不要打断他。

7. **将你与竞争对手区分开来，脱颖而出。**要有创造性的新想法。要将所售产品准备好（设计完整、基本样式以及样品）。产品演示要足以令人惊艳。以图表的形式列出你优于竞争对手的主要方面。做一些别人不会做的事情。

8. **要对自己的言谈举止有信心。**在初步建立信任关系后，要在产品演示环节进一步增进彼此的信任。幽默、幽默、幽默。不妨当作已经签下订单，言谈举止更加自然。回想一下你的母亲如何教导你言谈有礼、举止有度。请不要将自信与自大混淆在一起。前者能够助你成功，而后者只能导致你失败。

8.5. **你本人也要令人惊艳。**你必须积极专注、充满激情、举止优雅以及令人信服。你必须足够优秀，以至于让人过目不忘。

以下列出了令人惊艳的销售人员的15个特征。

令人惊艳的元素	得分：1分最低；5分最高。
1. 坚持不懈（持之以恒）。	12345
2. 万全准备。	12345
3. 做到最好。	12345
4. 创造性地与众不同。	12345
5. 幽默有趣。	12345
6. 真诚。	12345
7. 真实（不做作）。	12345
8. 引人注目。	12345
9. 不兜圈子，开门见山。	12345
10. 有技巧。	12345
11. 信息掌握全面。	12345
12. 勇敢。	12345
13. 令人印象深刻。	12345
14. 长期。	12345
15. 签单能力强。	12345

计算一下你的分数，看看你的排位：

70~75 分=令人惊艳

60~69 分=还可以

50~59 分=很难说

12~49 分=差得很远

做到令人惊艳需要你比照上述 15 个方面确定你的弱点，然后制订计划逐一改进并拿出足够的自律以执行计划，以便采取行动促成积极的变化。如果你足够想要，你就能做到。

你本人也令人惊艳吗？你可以自问：

- 如果我是客户，我会购买吗？
- 我是否能坚持不懈地一直努力直到最后成功呢？
- 潜在客户是否会因为看了我的产品演示而购买呢？
- 潜在客户回家后或者在办公室里谈起我时是否会给我积极的评价呢？
- 我具备令人惊艳的 15 个特征吗？

将令人惊艳的元素融入销售过程是一个挑战，需要付出诸多努力。如果你通过不屈不挠的尝试做到了这一点，那么你一定要把这些令人惊艳的元素呈献给你的潜在客户。

以下列出了将令人惊艳的元素融入产品演示的最后几个步骤。请注意，所有这些步骤都是无形的：

- 专注于目标。
- 梦想常存于心中。

- 产品演示充满激情。
- 台上光鲜亮丽，台下吃苦努力。
- 让客户感觉到你对自己及你的产品有信心。
- 永不言弃。

销售归根结底就是一个词：签单！如果你想提高签单成功率，那么就努力令人惊艳吧！

当你结束一个会面或一个人际交往活动后，会有人记得你曾经在场吗？

还记得我吗？我是个销售员，跟其他的销售员一样

我的猫咪利多也有名片。她是公司的吉祥物，在帮助公司签单方面发挥着至关重要的作用。

每次当我要找一份重要文件时，都会发现就在利多身下。在研讨会和培训项目上，我都会分发利多的名片以娱乐大家以及活跃气氛。而每个领到利多名片的人都会小心翼翼地保存着名片，并把名片拿给别人看。他们不仅会询问我有关猫咪的故事，相互之间也会不时地谈起。

让人过目不忘就是要在潜在客户的脑海中留下一个生动的形象，以便他们把你与其他人区别开来。你做了什么，你怎样做的；你说了什么，你如何说的。

你给人留下的印象有多深？你的潜在客户在你离开后会谈论你吗？或者他们会谈论你的竞争对手，甚至从他们处订货吗？

以下列出了可助你让人过目不忘的建议和示例，将帮你带来更多业务：

花钱印好名片。名片反映的是你公司的质量。看看你的名片，你的客户或潜在客户会因为你的名片而记住你吗？如果有人给了你一张类似的名片，你会因此对他感兴趣吗？

如何让你的名片与众不同？你的抬头是否让人耳目一新？如果你的公司不允许你在名片上印一个非常规的头衔，那么不妨印制你自己的名片。

小贴士：名片不是无关紧要的开支，而是你的脸面。名片不是简单的记号，而是重要的市场营销工具。把你的名片制作得酷一些，这样人们就会忍不住把它拿给别人看。

与时俱进。想要你的名片符合业内流行趋势吗？你最好抽出一张名片，核对一下是否包含必要的基本内容。你的名片（或者你的任意一名雇员的名片）包括下述信息吗？

- 姓名
- 头衔
- 公司名称
- 公司地址
- 电邮地址
- 公司网址
- 电话号码（带区号）
- 传真号码（带区号）
- 手机号码（带区号）
- 公司标识

你的名片最好让人过目不忘，而你最好赶快行动。

电邮贴士：不管你的公司规模有多大，只要你不是单枪匹马的一个人，那么就申请一个正式的电邮地址吧。Hotmail或者AOL的都不行。这些电邮账号最好只用于个人使用，而非正式业务往来。如果你想你的公司看起来不会三个月就倒闭，那么你最好为你的官网以及你的雇员的邮箱地址申请一个域名。这是很小的一笔投资，而且绝对回报率高。

设计令人喜出望外的回应。我曾写过一篇关于首次登门拜访的文章，而卡罗来纳礼品篮公司的希拉 · 奈斯勒（Sheila Neisler）读过后想要告诉我礼品篮是一个很有效的工具。于是，希拉亲自送给了我一个量身定制的礼品篮——包括一本成功励志名言集萃以及猫粮（为利多而准备）。我的办公室为此谈论了她几周，而我们俩也由此建立了长期的业务关系。原因很简单，希拉善于给人留下深刻的印象。

吉特默免费小礼品

想要知道过目不忘的营销活动中应包含哪些要素吗？请登录网站www.gitomer.com，在GitBit框里输入MEMORABLE MARKETING。首次访问用户需要注册。

Do something that says, ‘I took the time to get to know you and I’m acknowledging my appreciation for your business.’

– Jeffrey Gitomer

做一些事情，让客户知道：“我曾用心去了解您，多谢您的惠顾。”

——杰弗里 · 吉特默

第二部分
做好万全准备，让潜在客户惊艳。

The Book of Questions

2.2 提问记

卖出去还是卖不出去，这是个（重大）问题

你能在五次提问内成交吗？

Why ask "why?"

为何问“为什么”？

Question:

- How do you build rapport?
- How do you determine prospect needs?
- How do you establish buyer confidence?

Answer: Question.

The idea of asking and answering questions is the heart of a sales presentation.

Without questions, you'll have no answers.

Without answers, you'll have no sales.

Without sales, you'll have no money.

Any questions?

问题：
你如何建立私人关系？
你如何确定潜在客户的需求？
你如何建立购买者信心？
回答：问题。
销售演示的核心就是提问与回答。
不提出问题，你就不会得到答案。
而没有答案，你就没有订单。
而没有订单，你就不能挣钱。
对于这一点，有人有问题吗？

提问是一个销售员应该掌握的重要技能。

是否能够正确地提问则决定了签单的成败。

卖出去还是卖不出去，这是个（重大）问题

销售的两大重要方面就是提问与倾听。如果你的提问恰到好处，那么潜在客户就能告诉你成功签单所需的一切信息。

如果你能将有力的提问与有效的倾听技巧结合起来，那么你就具备足够的能力和自律发现客户的需求/真实想法，同时随之做出合适的反应，促使客户最终做出购买的决定。

老弟，这听起来不难。但是，为什么总是会有客户最终不会选择你呢？因为……

1. 你的提问不够有效。

2. 你的倾听不够有效。

3. 你对潜在客户有先入为主的想法——预先判断客户是怎样的人、预设客户会有怎样的回答以及打断客户的谈话。

4. 如果你认为你已经知道了所有的答案，那么你为何还要提问或者全神贯注地倾听呢？

4.5. 你并没有发现潜在客户的真实需求。如果你连客户的真实需求都不知道是什么，你又如何满足他们呢？

最有效的推销约访应该是由25%的提问和75%的倾听组成。你在实际销售中是这样做的吗？“哦，这个比率不适合我，”你说，“我的产品不同，我必须得多说一些。”无稽之谈。这只是个借口，你真正想说的是：“我不知道如何有效地提问。”

你应该如何提问呢？简而言之，提开放性问题。避免是与否的问题，除非你确信对方会给你一个肯定的回答。

设计以及提出有效的问题是你了解潜在客户需求的支点。

以下列出了在提问风格与类型上应该注意的12.5个方面：

1. **提问是否清晰简洁？**潜在客户是否充分理解了问题，包括问题的含义、内容以及意图？

2. **潜在客户回答这个问题是否需要先进行卓有成效的思考？**你的提问是否能把潜在客户与你的产品或服务拉近一步？

3. **你的提问是否会促使潜在客户评估新的信息或概念呢？**你是否能恰当地提出一些高级的问题，既不会让对方有压迫感，但是也会给对方带来新挑战呢？这样的提问有助于增加客户对你的信任。

4. 你的提问是否能让你显得比你的竞争对手掌握了更全面的信息呢？你是否能通过问一些你的竞争对手从未问过的问题而将你与竞争对手区别开来呢？

5. 你的提问是否能引导潜在客户（与你）联想到过去的经历呢？你向潜在客户提出的问题是否能令他们与你分享一些他们引以为豪的事情呢？有些提问并不是为了推销，而是为了建立个人关系。

6. 你的提问是否会促使潜在客户说出从未想到过的答案呢？新的变化会使你显得与众不同、更加优秀以及处在业内领先地位。

7. 你的提问是否能得到一个确定的回答，从而促使产品演示向最终签单靠近一步呢？以疑问词（你不会……吗？它不是……吗？你不应该……吗？它不会……吗？）开始或结束一句话有助于引导潜在客户肯定部分演示，由此推进到下一个阶段。

8. 你的提问是否与潜在客户（或他的业务）直接相关？你的提问与潜在客户的相关性越强，你就越有可能获得确定的回答。

9. 你的提问是否与潜在客户的目标直接相关？你的提问方向是否与潜在客户有关？是否能让潜在客户愿意给出真实的回答？

10. 你的提问是否能引导潜在客户给出有价值的信息，从而使你的签单过程能更容易呢？提问应尽量与潜在客户对你的产品或服务的预期相关。

11. 你的提问是否能创造一个有助于签单的积极氛围呢？你的提问是挑衅意味十足还是引人深思呢？你的提问不应导致客户发怒，而是应该引导他们深思。

12. 当潜在客户向你提问时，你会反问回去吗？潜在客户：我能在两周内收到货吗？销售员：这就是你需要的收货时间吗？

12.5. 终极问题——你是否问出了有关最终签单的问题？客户对这一问题的

回答将确定他们是否签单。

你有没有准备 10~12 个写在纸上的终极签单问题呢？你是否曾演练过这些问题以备不时之需呢？我打赌你没有。

想要掌握构思以及提出有效问题的技巧吗？这就是你需要做的：针对上述 12.5 个方面，每个方面写出 2~3 个问题，并且把它们应用到你的销售过程中。

当你开始着手进行时，你会发现这是一个很有挑战性的任务。然而，作为回报，你将永远成为一个更优秀的以及收入更加丰厚的销售员。

提问之于销售就如同呼吸之于生命。如果你不能提问，那么你将死去。如果不能正确提问，那么即便你不会立刻死去，你的死亡也是不可避免。而如果你能正确提问，那么你得到的答案将是一笔订单。

吉特默免费小礼品

想要学习构思以及提出问题的三阶段理论吗？这可能会改变你的销售方式！请登录网站www.gitomer.com，在GitBit框里输入THREE-LEVEL STRATEGY。首次访问用户需要注册。

当你通过提问确定了潜在客户的问题、关切以及需求后，签下订单就会变得很容易。

你能在五次提问内成交吗？

订单孕育在提问之中。通过提出有效的问题发掘有价值的信息，这对于创造有利于客户购买的环境至关重要。《销售漏斗之成功秘密》（*Success Secrts of the Sales Funnel*）一书的作者雷 · 里昂（Ray Leone）曾发出这个挑战：你能在五次提问内成交吗？

结合雷和我的观点可以得出一个结论：当你通过提问确定了潜在客户的问题、关切以及需求后，签下订单就会变得很容易。不过，一切都必须以你提出精心设计的问题为前提——这些问题需能提取有价值的信息、客户需求及关切。一旦你确定客户的真实需求并打消他的关切，那么签单就会变得轻而易举。

比如说，我销售打印机……

（准备好记事本，随手记录下客户的回应。）

提问一：“潜在客户先生，你如何挑选打印机？”（其他提问方式：“你如何决定买哪台打印机呢？”）

潜在客户说：“质量、送货以及价格。”

提问二：“你如何定义质量？”或者“质量对你而言意味着什么？”（针对客户回答“你如何挑选……”问题时提出的三点，使用“你如何定义……”的句式逐一提问。）

潜在客户将在深思后才能给你答案。很多潜在客户从未被问过类似的问题，因此他们必须重新思考后才能回答。在提出第三个问题前，不妨插入，提问一个跟进问题。例如，潜在客户定义质量为“干净整齐的打印成品”，那么你可以跟进提问：“你的意思是打印成品需能体现你公司的素质和形象？”不会有潜在客户会对这个问题说不。

提问三：“您因何觉得这点很重要？”或者“那对你来说是最重要的吗？”或者“为什么你会觉得这个重要？”

提问三将引出潜在客户的真实需求。确定他们最看重打印机的什么方面以及他们为何认为打印机重要是实现最终签单的关键。为了明确获知潜在客户关注的重点以及原因，你可能还需就此跟进提问若干个问题。

提问四：“如果我能按照您对质量的要求在规定时间内以合理的（而非最便宜的）价格提供产品，以便印刷成品的质量可以深化贵公司在客户心中的形象，那么您是否愿意（其他提问方式：还有其他原因会让您不愿意）考虑购买我的产品？”

他们当然会愿意。提问四其实只是你综合了通过前三个问题获取的信息而提出的反馈性问题。这是一个经典类型的“如果我……那么你会……？”提问，可以借此诱导客户同意签单。提问四已经非常接近最后的签单提问。如果客户真的无法签单，那么很有可能他会在此时说明原因（我们必须公开招标。我不是决策者。我对现有的供货商很满意）。

提问五：“太好了！我们何时可以开始？”或者“棒极了！您的下一个打印项目是什么？”

提问五的目的是诱导潜在客户给出可以签单的具体日期时间以及可能需要的供货数量。多数情况下，你可以由此卖出样品或试用产品。而如果涉及到大额商品（复印机、电脑）销售，小狗式销售方法则最合适（把你的产品留下来，让潜在客户试用几天），或者邀请潜在客户一起拜访你的一个忠实客户，以便潜在客户亲自了解产品的运行状态，同时也可以见证老客户对产品质量的现身说法。

尽早及经常使用上述提问模式。如果销售过程中总是你在说而潜在客户说的很少，那么潜在客户很快就会感到无聊而最终弃你而去。除非你的产品能够满足他们的需求，否则潜在客户根本不关心你卖的是什么。而确定客户需求的唯一方法就是提问。

要想成功提出有效的问题，你必须事先想好问题并把它们写下来。提前准备一个15~25个问题的列表，以便帮助你发现潜在客户的需求、问题、痛苦、关切及可能拒绝签单的理由。根据通过这些提问所获得的信息，你需另外准备15~25个问题以便诱导客户签下购买意向。

想要更多有效提问的常用句式吗？不妨试试以下这些：

- 就……而言，你想要寻找的是什么？
- 就……而言，你找到了什么？
- 就……而言，你的意向是什么？

• 你对……的体验是什么？

• 你如何成功使用……？

• 你如何确定……？

• 就……而言，为何这是一个决定因素？

• 你因何选择……？

• 你喜欢……哪一点？

• 就……而言，你认为有哪些地方需要改进？

• 就……而言，你想改变什么地方？（不要说“就……而言，你不喜欢什么地方？”）

• 就……而言，还有其他地方让你关切吗？

• 就……而言，你的竞争对手是如何做的？

• 你的竞争对手对……如何反应？

练习。

在正确提问30天后，你将开始看到真正的收益。

小贴士：这不是强行推销，而是用心销售。

“Good questions get to the heart of the problem or need very quickly without the buyer feeling like he or she is being pushed.”

– Jeffrey Gitomer

“成功的提问能够迅速抵达问题或客户需求的核心，客户并不会因此感觉到勉强。”

——杰弗里 · 吉特默

第二部分
做好万全准备，让潜在客户惊艳

The Book of Power

2.3 有效记

你现在就在聆听我的有效陈述

Income Statement

能够为你带来收入的陈述。

A power statement is electric with selling energy.

Are you energizing prospects with words of power. Or are your batteries dead?

Are you putting them to sleep or knocking them out?

Do you make a memorable impact on your prospects?

You better.

You can be sure you do when you use Power Statements.

Your brain is your power tool. Plug it in.

Turn your current into currency with your creative power.

一个强有力的有效陈述应该充满推销的能量。
你是否在用强而有力的言辞激励潜在客户？还是你的言辞软绵无力？
你是让他们昏昏欲睡，还是让他们对你过目不忘？
你是否给你的潜在客户留下了深刻的印象？
你最好是的。
如果你的陈述有力有效，那么你肯定能让客户对你记忆犹新。
你的大脑是你最有力的工具，开动起来吧。
运用你的创意，将你的聪明才智变成现金。

有效陈述能够使你的产品或服务脱颖而出、可信度更高，从而使得潜在客户更容易接受及购买。

你现在就在聆听我的有效陈述

有效陈述是什么？有效陈述能够使你的产品或服务脱颖而出，从而使得潜在客户更容易信任、接受及购买你的产品或服务。有效陈述要求打破传统，对你的工作及工作方式根据客户的需求及其对你产品的认识进行创新性描述。

陈述的效力来自何处？你的创造性。

你想签单或者为签单营造气氛，你的目标就是说服及动员潜在客户或客户采取行动，而这也是有效陈述的主旨。如果你能正确给出有效陈述，那么你将因此同你的竞争对手区别开来，甚至领先于你的竞争对手。

你如何为你的工作创造一个有效陈述呢？很简单——只需站在能为客户带来什么好处的角度，重新思考你的工作。不是给出一些让人感到无趣的描述，而是描绘一幅生动形象且充满各种优点的画卷。有效陈述应该是一组充满鼓动性的词汇，能激发潜在客户想要知道的更多。

可参考以下示例构思有效陈述：

- **不要推销电钻**，而是推销电钻挖出的光滑完美的洞口。
- **不要推销打印机**，而是推销打印出来的能反映潜在客户形象及提高他们销量的宣传手册。
- **不要推销汽车**，而是推销舒适的驾乘体验以及购车后所享受的尊崇与地位。
- **不要推销保险**，而是推销可以不受悲剧事件影响、高枕无忧且经济上有保障的家庭生活。
- **不要推销眼镜**，而是推销清晰的视力以及时髦的外观。
- **有效陈述有多个用途**，可以在说服及确认签单过程中发挥多种作用。

有效陈述应该：

- 让潜在客户站在如何使用你的产品的角度思考你的工作。
- 增进你与潜在客户之间的信任。
- 从能为潜在客户带来何种好处的角度描述你的工作及工作方式。
- 将你与竞争对手明显区分开来。
- 能让潜在客户想要听到更多。
- 给客户一个购买的理由。
- 清除签单路上的障碍。
- 有助于给潜在客户留下更加正面的印象。
- 将你的工作与客户联系起来。

- 让人印象深刻。
- 根据潜在客户的需求对你的工作进行创新性描述。

当有人问你你的工作是什么时，你应如何回答？我敢打赌肯定是一句无聊的描述，直接导致你的客户根本没兴趣与你继续交谈下去。

以下列出了一些有效陈述的示例。当有人再次问你你的工作是什么时，不妨摒弃之前平淡无奇的回答，尝试这些有效陈述。

临时工。我可以为贵公司及类似企业提供紧急及短期雇员，以便确保贵公司有员工因病假、调休或度假不能上班时，贵公司的生产效率及为客户提供的服务不会受到损失。

男装。我的经验告诉我销售人员会为了见客户精心打扮，而我能为你提供产品演示时所需的合适着装。其他选择：夏洛特弥尔顿衣橱的布鲁斯 · 朱莉安（Bruce Julian）有一个很棒的陈述："当我的客户有重要会见或演讲时，他们会打开衣橱，选择自弥尔顿处购买的衣服。"太棒了！

有效陈述是令人难忘的开场白。我参加过一个特许经营展销会，参展企业的加盟费都在 1 万~1.5 万美元之间。当时参展企业超过了 100 家，其中一半企业的名字都可以通过他们的整体精神面貌辨认出来。

我随身带着我的录音机，因为我确信我会听到不少绝妙的有效陈述。可惜我猜错了，展会令人失望（很遗憾）。在接触了 20 多家企业却仍旧一无所获后，我还是希望能够找到一句有效陈述。终于，我找到了。我走过一个堆满米老鼠产品和服装的展台，一位女士在走廊尽头接待了我，并说："米老鼠的年销售额超过了在场全部企业的总和。"太棒了，绝妙的一句话。我感谢她让我不虚此行。她一脸困惑地对我说：“不客气？”

有效陈述能激发客户兴趣，同时成功约定会面：

- **兴趣类通用有效陈述。**利润的关键是生产力。去年，我们的销售额增长了三倍多。我们为客户按时提供产品，帮助客户提高生产力。只用30天，我们就能提升你的生产力。

- **约会类通用有效陈述。**约翰逊先生，我不确定是否能为您提供帮助，请让我花几分钟（利用午餐）的时间与您细谈一下。如果我觉得能帮到您，我会告诉您；如果我觉得我不能帮到您，我也会告诉您。这样可以吗？

你创造了自己的有效陈述了吗？现在就开始创造你的有效陈述。在你的销售例会上，准备一张纸，与你的销售团队开始头脑风暴。邀请最优秀的销售员出席——你们的老板。写好有效陈述，准备好应对一切情况。不妨重新梳理你的销售用语，设法使其更有效。

在激烈的竞争中，有效陈述是实现销售的有力工具。

打败你的竞争对手。

第三部分
请允许我自我介绍

The Book of Introductions

3.1 自我介绍记

如何制作 30 秒的自我介绍?

如何呈现 30 秒的自我介绍?

想要客户引荐? 最理想的方法

Shake!

握手!

Introductions…

Do they listen
to your pitch
with a friendly ear,
or pitch you out
on your rear?

Are you a sales professional
or a professional visitor?

You've got a few precious
minutes to make a
powerful and professional
first impression.

If you can't open,
you can't close.

Knock, knock…

介绍……

潜在客户会以友好开放的态度倾听你的推销吗？还是会在你转身离开后就直接把你抛诸脑后?

你是专业销售人员，还是专业的拜访者（虽然登门拜访潜在客户，但是不能签下任何订单）?

把握好一开始宝贵的几分钟，你就能给潜在客户留下深刻而专业的第一印象。

如果你连开场白都不会，那么你又怎能最终签下订单呢?

“叩，叩……有人在吗？”

你可以利用自我介绍这个机会提供有价值的信息，从而激起对方的兴趣与回应。

如何制作 30 秒的自我介绍？

当你参加商业会谈或交际活动时，你需随时保持警惕以发现有价值的人脉资源及潜在客户。

你可以利用自我介绍（也叫电梯交流或酒会交流）这个机会提供有价值的信息，从而激起对方的兴趣与回应。自我介绍是签单的前奏。

你的自我介绍是否有效？或者你有准备好的自我介绍吗？

你需在 30 秒内给出必要的基本信息。在 30 秒内，你需要说明你是谁以及代表的哪家公司，同时也需要创造性地介绍你的业务范围。

少说多问。提出一个（或一系列）有效的问题，以便充分动员潜在客户参与交流。以一种创造性的方式有效说明你能给他人带来何种帮助，而后解释为何潜在客户需要现在行动。

通过有效提问获得的信息可以使你给出有冲击力的反馈，从而证明你能切实帮助他人。有效提问需是开放性问题，以便激励潜在客户积极思考及交流，而非只是单纯给出是或否的回答。

除非你已经确定潜在客户需要何种帮助，否则你无需告知他们你能提供何种帮助。

有效提问是销售过程中至关重要的部分，因为它有助于你确认潜在客户身份、构思有冲击力的（有效）反馈以及激发潜在客户进行思考。

在构思自我介绍的有效提问的过程中，不妨首先自问以下 4.5 个问题：

1. 通过提出这个问题，我想获得什么信息？

2. 通过提出这个问题，我能进一步了解潜在客户的身份吗？

3. 如果我想获得所需的信息，那么我需要提出一个还是多个问题？

4. 我的提问能激发潜在客户思考吗？

4.5. 我的提问能将我与竞争对手区分开来吗？

你应该事先准备 25 个可以促使潜在客户停下来思考的有效提问，以便你获得给出有效反馈所必需的信息。你的 30 秒自我介绍应以号召采取行动而结束——可以询问潜在客户是否愿意合作或者与客户约定下次见面的时间等。

自我介绍示例：

你与客户一起参加了一个业内联合会的交际活动，而你的客户把你介绍给了一个潜在客户。潜在客户问："你经营什么业务？"如果你是在提供临时工服务这个行业，而你对此回答道："我们主营临时工。"那么你应该被解雇。

你的回答应该是："我们主营为贵公司及类似企业提供紧急及临时雇员，以便确保贵公司有雇员因患病、度假或调休而无法上班时，贵公司的生产力或为客户提供的服务不会因此而受到损失。"**如果你能说出这样一番话，那么潜在客户肯定能对你印象深刻。**

在成功吸引潜在客户的注意力之后，你就可以提问你的有效问题，以便确定潜在客户的具体身份。

"你有多少雇员？"你问道，"你们的假期是一周还是两周？你如何确保员工休假不会影响贵公司为客户提供的服务水平？"

可继续跟进提问一些问题，直到你获得所需信息。在提出有效问题后，你就可以适时插入你的有效介绍（你能提供何种帮助），同时给出潜在客户需要现在就采取行动的理由。

"我专营机敏及办事能力强的人才，而非临时帮手。当贵公司有员工因患病或休假而无法上班时，我知道您无法承受公司士气或提供的服务的质量因此受到影响，因此我提议：（可在此插入要采取必要行动的呼吁，并且说明为何潜在客户需要现在就行动。）我们可以早餐时碰个面，讨论一下最近的几次员工缺席情况。我们可以谈谈当时这种情况的处理办法，同时也可以聊聊如何应对未来的几次员工缺席。如果我觉得我能帮上忙，我会告诉你；而如果我觉得我无法帮助你，我也会告诉你。你觉得这样可以吗？"

参考以上示例，制作你自己的自我介绍！写完后再演练几遍，而后将其应用在实践中，根据现实世界的具体情况进行调整。

最后，反复练习（在实际销售中使用 25 次以上），直到你完全掌握。

个人自我介绍构思辅助表格：

说明：请填写以下表格。请以自上而下顺序阅读，可加入一些必要代词。进行计时演练，反复研究，直到最后成形。

我的名字：________________________

我的公司的名字：________________________

我的主营业务：________________________

我的有效提问：________________________

我的有效论述：________________________

我能提供何种帮助：________________________

潜在客户为何需要现在采取行动：________________________

Say a little
Ask a Lot

少说多问。提出一个（或一系列）有效的问题，以便充分动员潜在客户参与交流。
After you say a little, ask a lot. Ask one (or a series of)power questions that engages.
Make a power statement that tells how you can help others.

自我介绍不要说得太早。不妨等到充分掌握了关于潜在客户的信息后，你再给出有力一击。

如何呈现 30 秒的自我介绍？

自我介绍制作完成后，还需要恰当地将其表达出来。呈现自我介绍与棒球中投手投球有些相似。你想投出一个好球，但是击球手各不相同，这就需要你采用不同的投掷方法——快球、曲线球、滑球及最受欢迎的螺旋球。（如果投出的都是螺旋球，那该有多好！）

要想投球最有效，你需要首先了解你面对的是哪种类型的击球手——包括他的击球力量以及弱点。每个棒球队都有一本关于联盟内其他棒球队队员的“宝典”，里面详细记录了面对不同的击球手应该如何投球以及跑垒员在击球手击中球后应如何跑位。销售也是如此。如果你不了解潜在客户的需求，你就可能无法对其投出有效的好球。你必须了解如何应对每个潜在客户。其实，在销售中实现“三振出局”很容易，你只需要向潜在客户提问，他们将很愿意与你分享有关自己的故事。

做好万全准备。当你与潜在客户见面或者有潜在客户找你时，你做好准备了吗？自我测验：

- **你想给他/她留下怎样的第一印象？你如何营造这样的印象？**
- **你需要多久才能确认他/她的身份？**
- **为了确认潜在客户的身份，并激发他们对你的业务的兴趣，你能提出什么问题？**
- **你是否准备好了多个有效问题？是否提前演练过？**
- **你是否准备好了多个有效陈述？是否提前演练过？**

以下是呈现自我介绍时应注意的9.5条戒律：

1. **简单明了**。你的陈述（问题除外）应严格控制在30~60秒之间。

2. **切中要害**。需要比照潜在客户的需求，准确且创造性地告知他们你的业务是什么。

3. **让人过目不忘**。有创意地说一些话、做一些事情或送出一些礼品，以便给潜在客户留下深刻的（正面的）印象。

4. **做好万全准备**。掌握充分的信息，提前反复演练、反复润色。

5. **准备好有效提问及有效陈述**。事先准备好多个有效提问及有效陈述，并提前演练。

6. **收集必要信息**。提出有效问题或跟进问题，以便搜集必要信息、激发兴趣以及揭示真实需求，从而方便你有针对性地介绍自己的业务范围。提出最有效的问题，准备好最简洁的个人介绍，以便时机来临时一击即中。在介绍你的解决问题能力时，要确认已经充分掌握关于对方的信息，以便你给出的反馈信息足够有冲击力。

7. **展示你解决问题的能力。**你的业务范围介绍很容易让潜在客户感到无聊，除非你的介绍方式对他们有帮助或可以服务于他们。如果你的业务与潜在客户无关，那么他们根本不会关心你是做什么的。

8. **与潜在客户敲定下一步行动。**不要轻易让一个优质的潜在客户溜走，设法与其敲定下一步行动。

9. **享受整个过程。**不要太过勉强自己或他人——大家都能感觉到。

9.5. **结束。**当你已经传达了自己的信息、与对方进行了初步接触并敲定了下次会面或下步行动时，那么就可以直接结束了。

重要贴士：自我介绍需尽可能简洁新颖，不要说不必要的废话。如果你拖沓啰嗦，那么将不会有人愿意倾听或采取行动。信息的传达要充分考虑客户（你、你的）需求，而非你的个人意愿（我、我的）。自我介绍需注意原创性，无聊的介绍很容易被人抛诸脑后。有创意地说一些话、做一些事情或送出一些礼品，以便让人印象深刻。多提开放性且能激发对方思考的问题。

如果你能将自己提供的服务与反复确认的潜在客户的具体需求准确地匹配起来，那么你就实现了对于自我介绍的成功呈现。而做到这一点的唯一办法就是进行周全的事前计划与准备。

当你得到一份客户引荐时，
请视它如珍宝。

想要客户引荐？最理想的方法

到手了。你得到了销售界除了订单以外最令人垂涎的奖品——客户引荐。那么，你应该如何对待这个潜在客户呢？你应该如何最大限度地发挥客户引荐的推销作用呢？

以下列出了确保你成功的八条法则：

法则一：不要着急。时机至关重要。不要显得太过急切地想要得到这个订单（金钱）。恰当的铺垫（介绍有价值的信息）将有助于发展长期关系（更多钱），而非仅仅一笔订单。

法则二：安排三方会面。妥善安排首次会/交流，是否顺畅将直接影响你能否拿到这笔订单。三人（你、被引荐的对象以及引荐人）全部到场是最好的安排，而你推销成功的概率此时也会最大。有第三方在被引荐对象前对你赞不绝口，这是促成最终签单的巨大助力。一个第三方的推荐远比 100 场产品演示更有效。

法则三：如果你的客户也在场，那么首次会面你不一定要努力推销产品。事实上，你推销的越少，你就显得越可信。首次会面你只需与潜在客户建立初步联系，赢得对方的信任。

法则四：安排第二次的单独两人会面。这次会面就可以正式开始谈生意了。

法则五：邮件中不要包含太多信息。与电话一样，邮件只是销售辅助工具，并不是签单的地方。邮件中包含的信息只需让对方对产品有个初步了解，进而产生想了解更多的兴趣。

法则六：24 小时内亲自给被引荐对象写一个便条。便条需简洁正面，不需要反复啰嗦地道谢。你只需要告诉他/她很高兴与他/她相识，而你非常期待下次会面。

法则七：给你的客户写一个便条致谢。如果客户介绍的订单很重要，那么不妨随便条附送一件礼品（质量好且有特点——带有你的标识，或者两张球赛门票）。你的致谢和礼品将鼓励客户给你再次推荐生意。

法则八：言出必行。如果你未能按承诺跟进及交货，那么潜在客户对你及你的客户都会产生不好的印象，而你的客户也会就此不再为你介绍生意。这条法则是八条法则中最重要的一条，你的声誉会就此树立。你的声誉如何？

实战终极贴士：对于客户引荐，最常见的做法就是比照客户或朋友给的地址或电话给被推荐对象寄封信或打个电话，但这同时也是最不推荐及最无效的做法。请有创意一点儿，请把客户引荐发展成有意义的人脉资源。在初次联系前，请先对被推荐对象以及所属公司的情况有所了解。不要掉入推荐陷阱——打电话或写信说："xxx 给了我你的联系方式。"这听起来可怕极了。

不妨试试："嗨，我叫杰弗里，我的公司是BuyGitomer。您可能一点儿都

不认识我。其实，我已经与（引荐人的名字）做生意有段时间了，她觉得我可以像帮助她一样为您也提供帮助。我写信过来只想简单介绍一下自己，顺便询问一下您的地址，以便我把一些我认为您可能会感兴趣的资料寄给您。”

接下来就是根据引荐人提供的信息，适时插入一两句有创意的话，以便与被引荐对象建立私人关系。

设法让被引荐对象开怀大笑，然后说：“**几天后我再给您打电话，或者我们可以边吃午饭边聊聊。耽误您的时间了。**”

不要夸夸其谈，因为你不可能在电话上把单子签下来。只需给出足够多的信息让对方感兴趣即可，你也可以就此安排面对面会面。

被引荐对象是世界上最容易推销成功的潜在客户。你只需询问讨厌推销的任何一个专业人士（会计、建筑师、律师），他们都会告诉你他们的新业务全部来自客户引荐。这主要是因为他们无法进行上门推销业务，因此也就只能守株待兔了。

“One third-party endorsement is worth a hundred presentations if you know what you’re doing.”

– *Jeffrey Gitomer*

“一个第三方的推荐远比 100 场产品演示都有效，
但前提是你必须知道如何使用客户引荐。”

——杰弗里 · 吉特默

第三部分
请允许我自我介绍

The Book of Cold Calling

3.2 初次拜访记

销售中最有趣的标志——“谢绝推销”

初次拜访找准决策人

开始与结束同样重要

初次拜访可以充满乐趣——自我暗示很重要

让初次拜访热络起来！

You don't know me from a sack of potatoes.

只看一盘炒土豆你根本不会了解我。

Cold calls...

Most everyone hates 'em.
Most everybody makes 'em.

Why not make
the most of 'em?

Have fun at 'em.
Make a game out of 'em.
Play to win.

Every ***no*** gets you
closer to ***yes***.

初次拜访……
大多数人都讨厌初次拜访，
但是大多数人又都得不得不进行初次拜访。
那么，为何不把初次拜访充分利用起来呢？
享受其中的乐趣。
游戏其中。
在玩乐中取胜。
每次拒绝都将你向订单推进了一步。

销售人员怎么看“谢绝推销”的标志？

销售中最有趣的标志——“谢绝推销”

我在公司的正门上挂了一个“欢迎推销”的标志。

然而，我拜访过的每个办公楼的正门似乎都挂着一个“谢绝推销”的标志。这应该是销售界最可笑的标志了。对于一个销售人员来说，这个标志一点儿作用都没有。如果我每无视一个“谢绝推销”标志都能得一美元，那么我早就成了大富翁了。那么，这个标志的作用到底是什么？它又能威慑什么人呢？

令我感到有趣的另一点是，每个挂着“谢绝推销”标志的公司都有自己的推销人员。当我看到复印店、保险公司以及临时工中介门上挂着“谢绝推销”标志时，我总会觉得有点儿虚伪。

那么，销售人员怎么看“谢绝推销”的标志呢？“早起的鸟儿有虫吃”是夏洛特地区最大的仅由销售人员组成的行业俱乐部，成员主要是企业家及销售人员。我对该俱乐部进行了问卷调查，询问他们看到令人讨厌的“谢绝推销”标志时感觉如何以及有何反应。在 32 名接受调查的会员中，只有两人表示他们会尊重这个标志；另有两人表示他们心有恐惧，但依然会进楼；而有 28 人（87.5%）则表示他们会无视这个标志。我还注意到另外有趣的一点：这些人同样认为应该禁止小贩挨家挨户兜售糖果、香水或照片。你知道的，这些人都是低级推销员。

秘密：来自体面经营企业的销售人员似乎都不认为“谢绝推销”的标志是为他们而设。我认同他们的观点。

我曾就此事与一个公司的老板及他的销售经理们有过讨论。该公司实行了一个新政策——不再过滤推销电话，这主要是由于他们感觉不听销售人员推荐产品或服务已经让他们错失了很多机会。这个想法太好了！当然，作为一名战斗在销售一线的销售员，你一直都知道这一点。

为了便于找到决策人，可试探性地迂回提问。“我有一些关于新电脑的重要信息，我应该把信息留给谁呢？”

初次拜访找准决策人

绕过“谢绝推销”的标志很容易，而找到决策人却需要技巧和策略。“我想跟老板聊两句”——这句话很难让你顺利地见到老板。不要直接要求见任何人。

见到决策人的关键是试探性且迂回地向秘书或行政人员“单纯地索要一些信息”。他们会很愿意告知你，而你也可以就此获得进一步跟进的必要信息。

假如你在销售电脑：“我需要您的帮助。我叫杰弗里，有一些关于电脑的重要信息，我应该把信息留给（如果打电话，打给）谁呢？”如果对方给了你一个名字，你必须跟进进一步确认：“这类事情都是她做主吗？还有没有其他人也负责这类事情呢？”

如果前台人员说：“把信息留给我就行。”那么不妨礼貌地询问：“电脑的事情都是您负责吗？”前台人员的态度此时一般都会迅速软化，而如果他们的态度不软化，你也必须友好地继续设法追问所有重要决策人的名字。

友好但是坚持，不得到决策人的名字决不罢休。你可能需要尝试 3~4 种办法，但是在你得到名字并最终确认之前要坚决不放弃。

以下是应对“谢绝推销”标志及找到决策人的方法。

我曾拜访过夏洛特上城带有“谢绝推销”标志的所有办公楼。我先乘电梯到顶层，然后逐层向下拜访。我曾被两家公司轰出来，其中一个甚至还叫了保安，但是他们最多也就只能把我轰到走廊里。当然，你会承诺不会再冒昧拜访了，但是你转身乘电梯到下一层继续你的推销拜访。“谢绝推销”事实上仅是一个游戏，而非真实的规则。

“谢绝推销”标志针对的是那些挨家挨户逐层进行地毯式推销包袋、香水、计算器及壁挂的小商贩。如果你的企业合法且小有规模，那么多数企业都不会对你适当的推销拜访感到厌烦。最好的方法就是迂回推销——留下资料以及问一些简单的问题。

如果你是赶赴事先约定的客户会面，那么也不妨在约会结束后拜访一下周围的公司。我总是这样做。如果碰到“谢绝推销”标志，我一般都视而不见。这些推销拜访通常都能在五分钟内搞定。

以下列出了确保初次拜访取得最大成功的指导原则：

1. 忽略“谢绝推销”标志。
2. 准备好资料和名片。
3. 请求帮助。
4. 设法获得决策人的名字和抬头。

5. 在你的名片上给决策人留下一个口信，附加在你的资料后面，并且要求尽快转交你的资料。

6. 索要（获得）决策人的名片。

7. 搞清楚给决策人打电话的最佳时间。

8. 询问为你提供帮助的人的名字，并把它记在决策人名片的背面。

9. 诚挚感谢对方给予的帮助。

9.5. 离开。

下次不妨按照这个流程试一下……

“嗨，我叫杰弗里，想请您帮个小忙。（每个人都乐于帮助他人。）我想寄送一些关于我的产品/服务的重要信息，这类事情一般谁负责呢？”“哦，应该是琼斯先生。”她愉快地回答。

太棒了，我知道了决策人的名字，但我会趁热打铁进一步确认他的具体身份。“他的职位是什么？”我一脸无辜地询问，对方也会告知你。“还有其他人也负责这类事情吗？”我问这个问题主要是想确认我是不是找到了最高决策人。如果对方反问我，我会简单地说：“如果有两个人负责这类事情，我一般会邮寄两份资料。”这样的回答通常会让守门人闭嘴。

接下来我会有一个大胆的行动。“我想给他留一些资料和口信，不知道你能否给我一张他的名片。”90%的情况下你会得到名片；5%的情况下你会得到名片的传真件；另外5%的情况下老板则会亲自现身。如果你是女推销员而老板是男的，那么老板现身的概率会翻番。我这样说不是性别歧视，这是一个事实。

“我最好什么时候给他打电话？”我问道，试图在对方耐心耗尽之前获取最后一点儿有价值的信息。

“非常感谢您对我的帮助，不胜感激，”我说，“请问您的名字是……？”“谢谢你，苏珊娜。”

人们喜欢听到自己的名字与赞美和致谢联系在一起。如果你两者都做到了，那么你下次拜访，并要见琼斯先生时她会记得你。

梳理一下你获得的信息！也许首次拜访你不会签单获利，但是他们已经相信了你的推销，而且你也为下次拜访做好了充分准备。**看看你缓慢友好推进所获得的奖品吧……**

1. 决策人的名字和名片。
2. 他/她是否是唯一决策人。
3. 决策人有你的信息。
4. 他/她有你的名片和口信。
5. 你与秘书成了朋友。

5.5. 你知道致电的最佳时间。

我将在24小时后打入跟进电话，而苏珊娜将尽可能地帮助我。那么，现在我需要的就是一个约会、一份合约以及一张支票了。

不论好坏，你的开场白将立刻树立你的形象，并为后续签单定下基调。

开始与结束同样重要

在销售拜访中，客户或潜在客户最先注意到的是你的专业水平及友好态度，而后就是至关重要的开场白。你的真诚、创意以及呈现开场白的方式将为后续的对话定下基调，同时也能决定潜在客户是否会用心倾听。如果你获得了对方的注意及尊重，那么你将能够一直继续下去，如若不能，你很有可能就会空手而回。

如果是电话推销，那么开场白就更加重要，因为这是你唯一的办法。你总不能在电话里说："看看我的套装有多好。"你的命运完全由你的话语（或者你对话语的掌控力）决定。

以下列出了首次拜访时应遵循的7.5条法则：

1. 讲话时请保持微笑。

2. 告知对方你的名字及所属公司。

3. 开门见山（在两句话内表明你致电的目的）。

4. 电话推销应简短贴心。

5. 保持幽默。

6. 请求或给予帮助。

7. 告知对方你有重要信息。

7.5. 询问对方是否愿意签单。所谓的“订单”也许只是要获得一个会面，但是不论你拿起话机时的目的是什么，都要坚持，不达目的不罢休。

电话推销应遵循同样的法则，以下是部分备选开场白：

1. 我一直在琢磨您的业务。

2. 我能回答您的问题。

3. 我有一些重要的信息，足以影响您的公司。

大多数销售人员都会犯下一个致命的错误，开口询问：“您收到我的资料了吗？”如果潜在客户说“没有”，那么你如何回应？你可能会笨拙地说你三天前就寄出了，而你无法理解怎么还没收到资料。这是个蹩脚的回答，而且听起来很无礼。你失去了给对方留下正面印象的机会。

不妨尝试这样开始：“我致电是因为我寄过来的资料可能需要人讲解一下以便理解，因此不知我能否有机会跟您聊 5~10 分钟呢？”

如果你想令天的学习给你带来直接的收益，那么不妨列出你在销售中常用的开场白，同时参考同事常用的开场白，对他们进行修改及仔细分析。明天就开始使用新修改的开场白，结果（收益）将会令你喜出望外。

IMPORTANT INFORMATION

我有一些重要的信息，足以影响您的公司。

I've got some important information that will impact your business.

如果你讲了个笑话，但是对方根本没听懂，那么你就死定了。

但是，初次拜访总是一个有风险的事情。

那么，为何不自娱自乐呢？

初次拜访可以充满乐趣——自我暗示很重要

初次拜访是导致很多人没有选择销售作为职业的一个原因。年薪数十万的销售专业人士将告诉你初次拜访培训为他们的成功奠定了基础。不相信吗？不妨去问问他们。

以下列出了初次拜访取得成功的八个制胜战术：

1. **最好完全准备**。设定最佳目标（事前计划），目的明确（把握全局）。设定阶段性目标（约定会面、得到决策人名字），并事先默记好台词（开场白、有效陈述以及有效提问）。准备好完美的资料以及辅助工具（对潜在客户有价值）。

2. **不要为任何事情道歉，不要找借口**。当抵达会场时，不妨直奔主题。不用说“不好意思，打扰一下”，开门见山即可。

3. 开场白的呈现决定了你的成败。第一句话的冲击力将决定你能否最终签单。

4. 不要犹豫或恐惧。初次拜访中的犹豫或迟疑是在用另一种方式说："我不知道怎么做"、"我不会做计划"或者"我不喜欢被人拒绝"。事先准备好推销的说辞，阅读励志书籍，不要再看无聊的新闻。相信自己能取得成功。

5. 不是每次拜访都能带来订单，因此准备好被拒绝。潜在客户拒绝的不是你这个人，而是你的产品或服务。这样说能感觉好点儿，不是吗?

6. 从被拒绝中学习。确定他们说不或不感兴趣的原因。

7. 练习，练习，再练习。除非你已经完全掌握了你的推销演讲，否则你的话听起来都会有些做作、不自然。销售员听起来满嘴推销的味道，这是最坏的结果。

8. 学会幽默。你在接受终生的销售教育，而且别人还给你钱。这远不是得知患有脑瘤那么可怕，只是初次拜访而已。享受其中，设法让对方莞尔一笑。

8.5. 如果你说："我讨厌初次拜访！"这种由自我暗示导致的消极心理状态很容易克服，你只需要一系列成功的初次拜访、订单和佣金。

以下列出了有助于你改进初次拜访的几点建议：

- **明确你在初次拜访中的弱点及恐惧，并详细地列出它们。**
- **制订消除弱点的行动方案，以便你逐一克服。**
- **每个月克服一个。**
- **挑战自己，每日都要取得成功。**
- **停止抱怨，没人成为抱怨者的客户。**

初次拜访最为重要的三点是开场白、有效提问以及有效陈述。你可以由此收集确定潜在客户真实需求的必要信息。

另外重要的两点是态度和专注。积极的态度将影响潜在客户，而适当的专注将有助于你技巧性地诱导对方采取行动。

初次拜访最重要的部分则是询问对方是否愿意签单。

吉特默免费小礼品

想要一些开场白的正反示例吗？登录网站www.gitomer.com，在GitBit框中输入“OPENERS”即可。首次访问用户需要注册。

潜在客户既不想失去已有东西，也想购买新东西。

让初次拜访热络起来！

初次拜访是销售过程中最难的一个环节。销售界有句谚语：“销售员最难打开的门就是车门。”

要想在初次拜访中取得成功，你必须首先确定有关拜访的组成元素、功能以及公式。就如同自然学科一样，反复实验（练习）是找到有效方法的唯一途径。

初次拜访的基本组成元素有：

1. 说几句话。

2. 提出有效（能激发对方思考的）问题，展开有意义的对话。

3. 给出有效（有益）陈述，赢得对方信任。

4. 确定潜在客户的需求、欲望、决策能力以及资金情况（支付能力）。

5. 收集信息。

6. 达成目标——或者至少敲定下次约会。

6.5. 态度积极，足够专注，可以接受对方的任何回答（接受或拒绝）。

以下列出了初次拜访行之有效的几点心得经验：

• **开场白很重要。**开场白需流利、真诚。假如你是个单身母亲，在社交场合里有位男士朝你走过来，说："我们见过吗？"或者"你是我见过的最美的姑娘。"你想到的第一件事情肯定是："这个家伙是个混蛋。给我滚出去。"初次拜访亦是如此。开场白能决定你是否可以邀约到这支舞。

• **第一印象很重要。**你在最开始 30 秒内的言行及经历通常（不总是）能决定最终结果。

• **开场白结束后，设法让潜在客户思考。**你的提问（有效提问）及陈述（有效陈述）对于赢得潜在客户信心至关重要。提问需能显示出你了解情况，并委婉指出潜在客户的弱点，同时还要收集重要必需信息。有效陈述则需创造性地介绍你的业务，并暗示你能为对方带来的好处，同时增加对方对你的信任。

• **直奔主题。**潜在客户很忙。如果你一直兜圈子，客户会觉得没有被重视。

• **如果对方询价，那么立刻报价。**尝试用最有创意的方式给出报价，但不要犹豫。

• **确定潜在客户的需求。**了解客户运营中的问题，满足他们的贪婪与虚荣，激起他们的恐惧，确定他们的真实需求，直至最终找到他们的热键——按下热键。

• **客户将抗拒你。**那又怎么样？要想把潜在客户变成真正的客户需要碰面 7 次。如果你只在尝试 1~2 次后就放弃，那么订单最终就会落到下一个找上门的销售员手里。

• **客户购买是为了解决问题或满足需求。**提问和陈述都需要以此为导向。强调好处（客户能得到什么）而非产品性能（如何使用产品）。强调产品能为客户带来的利润、自豪感以及声誉。证明产品能帮助客户避免痛苦、损失以及批评。无法根据客户需求说明产品的好处将导致签单失败。

• **专注于防患于未然。**设法让客户与你分享他们的不满，诱导他们说出在当前状态中的困扰。告诉客户如何捍卫利益、如何消除忧虑与恐惧以及如何避免客户投诉。潜在客户购买新东西的欲望与他们不想失去已有东西的欲望同样强烈。

• **使出浑身解数赢得购买者信任。**出示忠实客户的现身说法、引荐人信息以及与潜在客户类似状况的处理方法等。

• **态度、幽默以及行动（坚持）将打消被拒绝的恐惧。**心里暗示很重要——你认为自己不怕失败你就不怕失败。你认为自己会被拒绝——潜在客户将拒绝你的提议。这是很大的问题吗？爱迪生（Edison）、林肯（Lincoln）、巴比 · 鲁斯（Babe Ruth）以及 哈兰德 · 桑德斯（Colonel Sanders）都曾经历数千次惨痛的失败。如果他们不曾心怀成功的态度，那么他们现在会在哪里呢？（而没有他们的成功，我们又会在哪里呢？）导致失败的唯一原因就是你放弃了。

• **设定分阶段的成功目标。**确定每天打多少电话以及订立多少约会。销售是数字游戏，而你只有做好准备才能成为赢家。你必须坚持不懈、日积月累，最终才能赢得订单。给自己点儿压力，让自己取得成功。如果你拜访了足够多的人，你肯定能订立约会（你的阶段目标），而最终你也会签下订单（你的终极目标）。

“You’re now armed with enough cold calling knowledge to choke a hores. Don’t let it get to your throat.”

– Jeffrey Gitomer

“你现在已经具备了足够多的初次拜访的知识，妥善运用他们吧。”

——杰弗里 · 吉特默

第四部分
做好演示

The Book of Closing

4.1 演示记

想要轻松达成交易？先与客户建立联系

增强客户购买信心的 12.5 个方法

何时何地建立购买者信心

切忌使用销售用语

动员潜在客户亲身参与——更多成交

愚蠢的幻灯片，是你？不是你？

On with the show, this is it!

表演时间，现在开始！

Presentations…

Overture: hit the lights.
Now's your chance.
Get it right.

Can you tell the prospect
what he wants to hear?
Is he even listening?
Does he take you seriously?

Can you motivate him to
act?
Can you give him enough
confidence to buy?
Or are you a one-act play?

Want your prospects
to scream:
Bravo! Encore!

Two minutes to curtain…

演示……
前奏：关灯。
你的机会来了，
好好干吧。
你知道潜在客户想要听什么吗？
他在听吗？
他拿你当回事儿吗？
你能引导他采取行动吗？
你能否给予他足够多的购买信心？
或者你是见光死？
想让你的潜在客户尖叫：
太棒了！再来一次！
表演开始两分钟倒计时……

如果你能找到与潜在客户的共同点，那么他们就会喜欢你、信任你并最终买你的东西。

想要轻松达成交易？先与客户建立联系

你如何与客户建立联系？在你们展开的对话以外，你是否可以足够敏锐使你能找到生意以外的其他谈资？以下列出了一些建设性的指导办法，你可以在电话上、潜在客户的公司里、你的公司里或者交际活动上尝试一下。

在电话上：打电话一般是为了约定会面，因此你需要关注 3.5 个方面：

1. 15 秒内直奔主题。

2. 语气轻松、保持幽默。

3. 设法了解潜在客户本人的一些事情。

3.5. 敲定会面。

建立联系的第一步就是直奔主题！直接说出你致电的目的。“你今天怎么样？”此类问候完全不必要（而且有时还浪费时间）。你只需说明你的名字、代表的公司以及你能给潜在客户带来何种帮助。一旦你说完了，你和客户都能轻松一些：客户感到轻松是因为他现在知道了你为何致电，而你感到轻松是因为客户没有挂掉你的电话。现在你就可以着手建立联系、敲定会面了。

对话中尝试至少使用幽默两次（但不要勉强）。人们都喜欢开怀大笑。一个十秒钟的简短笑话远比十分钟的推销言辞更有利于与客户建立联系。

倾听可以让你洞察必要信息。潜在客户的心情、家乡以及性格都可以在电话上的几分钟时间里暴露无遗。我都会仔细倾听对方的口音，这有助于我了解潜在客户来自何处——而如果我恰巧到访过他的家乡或者也来自此处，那么这将是一个很好的谈资。

注意倾听潜在客户的心情，保持敏感。如果他或她听起来明显心情不大好，那么你可以说："我知道你比较忙（或者，今天过得不是很好），那么我们为何不选一个更方便的时间继续我们的谈话呢？"

如果你了解潜在客户，那么你就能以较为私人的方式敲定会面。例如，如果你的潜在客户喜欢篮球，那么你就可以说："我知道我能帮助你满足你对计算机培训的需求。我们只需一个十分钟的会面：前五分钟我将告诉你我能为你提供何种帮助；而后五分钟我们就可以讨论一下 76 人队在选秀时应挑选哪名球员。"

记住：人们喜欢谈论自己。设法让潜在客户讲述自己的故事将有助于你找到双方的共同点、建立联系以及提高你签单的概率。

在开始推销演讲前就与潜在客户建立联系。赢得订单的最好办法是首先赢得潜在客户的喜欢。如果你能找到与潜在客户的共同话题或共同兴趣，那么你们就能建立业务联系以及私人友谊。与销售员相比，人们更容易购买朋友的产品或服务。

你如何与潜在客户建立联系？你的观察力是否足够敏锐以至于你能找到业务之外的其他话题从而展开对话？以下是一些建议：

在潜在客户的办公室里会面：这是最容易建立联系的地方。你一走进潜在客户的办公场所，就要立刻开始寻找线索。墙上悬挂的照片、匾额、奖状以及客户订阅的经营业务以外的杂志等。当你走进潜在客户的办公室时，注意寻找孩子或各种活动的照片、书柜上的摆设、书籍、证书、奖状、桌面摆件以及其他能够反映客户个人喜好及爱好的物品。不妨询问奖状或奖杯以及证书或照片的来历。潜在客户将很愿意谈论他/她的成就以及爱好。

尝试与客户开展有意义的对话，提出有关他们兴趣爱好的开放性问题。如果你对他们的兴趣了如指掌，那么这当然最好，但是关键在于要让潜在客户谈论让他们感到愉快的事情。使用幽默，幽默有助于建立联系，因为它包含了认可（当潜在客户开怀大笑时）。设法让潜在客户开怀大笑能为正面的产品演示奠定良好的基础。

当潜在客户来你的办公场所时：如果潜在客户来你的办公场所与你会面，那么找到与客户的共同点就有些困难了，因为你不再能够通过存在于他/她的周边环境中的物品来了解他的个人情况。此时，观察力就显得尤为重要。注意他的衣服、汽车、戒指、印记标志、名片以及任何能够揭示此人性格的物品。

保持友好。提出开放性的问题。不妨设法了解他们上周末做了什么或者他们这周末要做什么。可以聊聊电影或者电视剧，要避免政治以及客户的私人问题。当然，也不要抱怨你的个人问题。

人们都喜欢谈论自己。问题问对了，他们就会滔滔不绝。你的目标是找到一个你们两个人都了解或者感兴趣的话题、看法以及情况。

保持真诚。虚伪的销售员就像你客厅里的臭鼬一样显眼。两者都臭不可闻。

小贴士：注意把握时间。在不同的地区，销售员可以花在建立联系上的时间也有所不同。在东北部，你只能有 30 秒。在这种情况下，我都是开门见山。首先激起对方兴趣，而后就开始建立联系。在南部、中西部、西南部以及西部，你建立联系的时间有 5~10 分钟。不要忘记你的使命，不过我可以向你保证如果你能在产品演示开始前就与潜在客户成为朋友，那么你的使命就很有可能会完成。关键就在于要让客户谈论自己，而这有助于你找到与客户的共同点、建立联系以及提高你最终签单的成功率。

如果不能建立联系，那么就没有订单！

吉特默免费小礼品

想要建立联系的 14.5 个实战提问吗？登录网站 www.gitomer.com，在 GitBit 框中输入“BUYER CONFIDENCE”即可。首次访问用户需要注册。

必须建立购买者信心。

方法有多种，既可以使用销售辅助工具及示例，也可以讲述与潜在客户有关的故事。

增强客户购买信心的 12.5 个方法

如果潜在客户对你或你的产品缺乏信心，那么他们不会购买。

以下列出了增强购买者信心的最有效的 12.5 个方法：

1. **做好万全准备**。没有人会对一个讲话笨拙、不断找借口道歉的销售员有信心。

2. **动员潜在客户尽早参观产品演示**。设法让潜在客户帮助你或者帮你拿着样品，类似举动会让他们感觉成为了你们中的一员。

3. **准备书面资料**。国家级新闻报纸上如果有一篇关于你们公司或产品的报道，那么可信度就会提升很多。

4. **讲述一个你如何帮助其他客户的故事（视频展示也可以）**。这可以营造相似情境，有助于引发潜在客户共鸣。

5. **如有可能，使用引荐人。**“潜在客户先生，你可以致电（公司及联系人的名字）了解一下我们给他们提供的帮助。”

6. **不时抛出大客户或者潜在客户竞争对手的名字。**如果你的客户里有大企业，那么不妨恰当地点出他们的名字。要注意表述的方式，既要向潜在客户彰显你的实力，同时也不要让对方觉得你在吹嘘。

7. **准备好忠实客户的打印名单，其中大小客户都要包括。**在高质量的纸张上完美地打印出来。

8. **准备好客户现身说法信函。**客户现身说法信函需覆盖你的业务的方方面面：质量、送货、实力、服务以及额外努力等。要确保其中部分信函可以打消潜在客户的疑虑。

9. **不要对潜在客户进行狂轰滥炸。**在产品演示中自然地引入示例，从而使得客户不断增加对你的信任直至最终签单。

10. **签单后要注重服务。**购买者需要确保你不会卖完后就跑。介绍一下送货、培训以及服务。

11. **强调长期关系。**客户想要知道你能帮助他们解决产品使用中可能出现的问题、技术革新、业务增长以及售后服务。不妨把你的住宅电话留给客户。

12. **销售是为了帮助他人，而非为了佣金。**潜在客户能感觉到销售员的贪婪，气味很难闻。

12.5. **销售过程中最为重要的环节：问对问题。**请重温提问记，反复阅读十遍。

如同在纸牌游戏中使用主牌一样，你需善于使用信心建设工具。当你需要时，就大胆使用吧。如果潜在客户询问还有谁使用你的产品，那么准备好客户现身说法视频资料。

如果你的公司相对较新，那么可信度将是决定你能否签下订单的一个主要因素。你必须强调你的个人经历以及努力把事情做好的决心。

小贴士：我从未提到价格是赢得客户信心的一个因素，因为价格不是。如果客户对你没有信心，那么价格最低也对你没有任何帮助。

the least Expensive Won't get you Anywhere

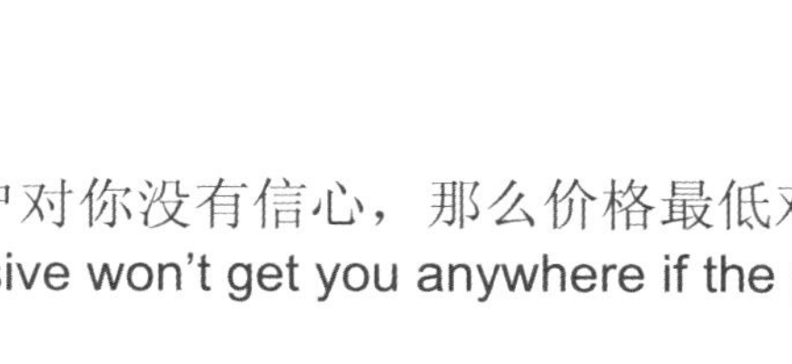

如果客户对你没有信心，那么价格最低对你没有任何帮助。

Being the least expensive won't get you anywhere if the prospect has no confidence to buy.

“Being the least expensive won’t get you anywhere if the prospect has no confidence to buy. Many times, low price actually scares the buyer.”

– Jeffrey Gitomer

“如果潜在客户未能建立购买信心，那么价格最低毫无帮助。事实上，在很多情况下，低价反倒会吓跑客户。”

——杰弗里 · 吉特默

销售员必须建立购买者信心，并需在销售过程的各个阶段反复确认信心是否足够强大。

何时何地建立购买者信心

如果潜在客户对你或你的产品缺乏信心，那么他们不会购买。销售员必须建立购买者信心，并需在销售过程的各个阶段反复确认信心是否足够强大。显而易见，销售过程中购买者信心建立得越快，销售员就越容易把销售推进到下一个阶段。

以下列出了销售过程中建立购买者信心的主要机会，每个情境都需要不同的信心建设策略：

交际场合：如果你的时间只够说一句话，那么不妨谈一下某个优质企业如何使用你的产品/服务。“我们有幸自八个竞价公司中脱颖而出，被Duke Power选中并签下硒鼓合同。”建立购买者信心就由此开始了。

电话上：围绕一个示例建立购买者信心，**你只想卖出一个会面的机会。**例如：“我认为我们能为你提供计算机培训，以便你提高生产力，进一步削减运营成本。我们刚为顶点生产制造公司（Acme Manufacturing）完成一个类似的培训，使用的是同样的培训课程。请允许我把顶点生产制造公司在培训完成后发给我们的反馈信函发到您的邮箱里。我想在您的办公室里与您简单聊两句，以便确保这套课程也能适合贵公司的需求。”你的目标是建立足够的信心，以便成功与客户约定会面——而非最终签单。

初次拜访：简单明了。你必须在30秒或者更短的时间里引起对方的兴趣，否则你的拜访就会失败。重点强调你能为潜在客户提供何种帮助，不要过分突出你能为他们节省多少成本。强调低价已经被过分使用，不再像以前那般奏效。不妨谈谈你能为类似的企业提供怎样的服务以及你的产品在其他企业的使用效果如何。如果你不是在一次拜访就能敲定订单的行业里（超过九成的销售员都不是），那么初次拜访你只需建立足够的信心赢得下次会面即可。

演示中：把你最好的东西留在演示里。不管是在潜在客户的办工场所或者你的办公室，产品演示对你而言都是个很大的机会。带好你的全副装备，将你精心设计的演示一一展示给潜在客户，就如同一砖一瓦地建设楼房的地基一样。如果潜在客户每次心中涌现些许疑虑时你都有办法设法让他安心，那么你将给客户留下深刻的印象。客户现身说法视频、忠实客户的来信、媒体报道的文章、样品以及对比图表都能增强客户的信心，使他们最终做出购买的决定。演示中不妨不时记一下笔记，以便让客户觉得自己受到了尊重，且此次会面足够重要。自信至关重要——点滴自信可以吸引更多自信。

跟进拜访：放轻松。语气尽量自然，不要让人听起来勉强做作。如果跟进拜访过于勉强，那么你将失去好不容易赢得的客户信心。跟进拜访需有明确目的。不妨分享类似情境（你能如何帮助他人），或者说明你能为潜在客户带来的具体好处，以便让客户明白为何需要现在购买。**准备好开场白：**

- 我一直在想着您。
- 我一直在想着您的事情。
- 昨天有人托我向您转达他的问候。
- 昨天我们谈话时提到了您。
- 有些要紧的事情需要您考虑一下。

你如何知道是否已建立购买者信心？你的电话得到了回复，你得到了订单或者将要签单的承诺。

如果潜在客户对你没有信心，那么你很容易感觉到。潜在客户会给你一系列的敷衍答复。“我将在几周后回复你”“我们的预算用完了”“我还没准备好购买”“需要召开董事会才能决定”或者是常见的“半年后再给我打电话”。如果你听到对方故意拖延，那么这就说明你还未建立足够的购买者信心能让对方可以采取进一步行动。

成为专业销售员的关键就是
不要听起来像个销售员。

切忌使用销售用语

创造要求签单的新方式

我的朋友米切尔 · 卡民（Mitchell Kearney）是夏洛特地区最棒的企业摄影师。在给客户拍照时，他从来不会直接说："笑一笑。"如果你也是摄影师，你就会发觉做到这一点很难。不过，米切尔则表示，不说"笑"这个字而以别的方式让客户们微笑让他变得更有创意了。我曾看过几百件他的作品，多数客户都是在微笑，因此他的办法看起来很管用。米切尔规避了"笑"这个将专业人士与业余者区分开来的毫无诚意且缺乏想象力的陈词滥调。

你如何引导你的客户微笑且在今天购买呢？你使用的说法会冒犯潜在客户吗？你使用的说法是会建立信心还是摧毁信心？你是否让人感觉"我来这儿就是为了订单"？

要想获得订单，你必须使用高超的语言技巧以免你听起来就像个虚伪的销售员。如果你听起来缺乏诚意，那么很有可能你本身就缺乏诚意。

以下列出了需绝对规避的字词：

坦白地说——这个词听起来就很虚伪。所有的销售培训课程都建议销售员避免使用这个词语。

很坦白地说——令人反感程度较之“坦白地说”翻番。我会很怀疑说这个词的人的动机。

实话实说——这个词后面总是会跟着一个谎言。

我的意思是——不，你的意思不是。这可能是英语词汇中最虚伪的词语。

你准备好今天下单了吗？——请不要逼得这么紧。这句愚蠢的话最让人反感。你至少有100种方法可以询问潜在客户今天感觉如何，或者他们打算何时下单。

你今天过得怎么样？——当你在电话上听到这个问候时，你的第一反应就是：“蠢蛋，你要推销什么？”

有什么需要我帮忙的吗？——世界各地的零售员都会说这句话。零售业已经发展了百余年，零售员应该有更有创意、更照顾客户需求的表达方法。

以下列出了需绝对避免的销售策略：

贬低竞争对手：永远不要贬低竞争对手，因为这不仅不会给你带来益处，反而让你遭受损失。我的母亲一直告诉我，如果你不能赞美他人，那么就保持沉默。如果你向潜在客户贬低你的竞争对手，那么有可能潜在客户就是你竞争对手的亲友或另一半，而你自己也会显得人品很差。

鼓吹伦理道德：永远不要直接说你很重视伦理道德，而要通过言行间接地让对方感受到。监狱里的犯人都是电视布道者或者满嘴伦理道德的商人。如果你觉得需要证明自己重视伦理道德，那么不妨通过具体事例说明。告诉潜在客户你想要的是长期合作关系，而非只是一笔订单，但需坚决避免“伦理道德”这个词。如果在销售过程中我听到有人说这个词，我会想方设法避开他。

你的挑战是需全力以赴满足客户或潜在客户的需求。你的创造性的用词和行动（你的表达方式及行事方式）往往可以最终决定能否签单，同时还可以决定是你或者你的竞争对手获得这笔订单。如果你的竞争对手获得这笔订单，那么你肯定会很气愤，不是吗？如果是的话，那就做些什么防止这种假设变成现实。

应如何做？应全力以赴努力做。找几个同事或其他销售员一起，大家讨论一下如何才能与众不同。有才华的人集聚一堂有助于找到答案并得到积极的结果。不妨记录下来，比照着反复练习。相信自己——最终结果必然能为你带来滚滚财源。

我的经验告诉我，如果你必须说出来你是怎样的人，那么很有可能你就不是这样的人。思考一下这句话。如果你说“我是诚实的”、“我有道德”甚至“我是老板”或者“我能做主”，那么事实往往正相反，不是吗？

动员客户参与你的销售活动有助于他们形成归属感，由此决定最终选购你的产品。

动员潜在客户亲身参与——更多成交

1972 年我销售经销权时，开的是一辆凯迪拉克。我会开车到潜在客户家里去接他们，而当我接到他们往回走时，我会说："天，我有点儿头疼，你可以开车吗？"当潜在客户先生或夫人一路开车到达我的办公室时，他们会想要一辆与我的车一模一样的车。他们将会买下我销售的经销权，然后用经营所得利润买一辆凯迪拉克。在销售开始的前五秒内，我就动员潜在客户参与到了销售之中。

当你做产品演示时，你的潜在客户的参与度有多高？触觉（抚摸）有助于客户形成归属感。如果你想知道潜在客户对你的产品或服务的接受度有多高，那么不妨尽早并频繁地动员他们参与你的销售活动。

一般来说，产品销售动员客户参与比服务销售要容易。然而，如果你开动你的创意，你会发现你将能让潜在客户如此深入地参与到你的销售活动中去。

动员客户或潜在客户参与演示准备活动：

- 请求他们帮忙准备写字板、投影仪或者视频播放设备。
- 询问他们有无纸张、高光笔或者黑板擦。
- 请他们帮忙插上插销或者搬动一些设备。
- 喝一口客户提供的咖啡或苏打水。
- 你可以提前致电要求客户布置产品演示的房间，准备好设备（写字笔以及投影仪等）。
- 潜在客户参与准备工作对你而言是额外的机会，你可以借此简单聊聊或者幽默一下。

动员客户或潜在客户参与产品展示。在产品展示过程中，动员客户身体力行地亲自参与其中是唯一重要的事情。不妨请他们帮助播放演示视频、按下按钮、打印、开车、举着样品或者帮忙组装辅助工具。即便你完全能一个人完成一个精彩的演示，但是如果你不能动员客户参与其中，那么你只能让他们感到无聊，而不会让他们印象深刻。明白了吗?

如果可能，不妨让潜在客户主导整场演示。潜在客户为你的销售活动做的越多（越好），那么她做决定时对你的销售团队的归属感就会越强烈。

注意寻找及倾听购买信号：大大的微笑、赞美之词、提问以及赞叹。

讲解售后服务时也要动员客户或潜在客户参与其中：设法让潜在客户一直追随你的思路。大声阅读，或者播放产品演示中的相应部分。休息片刻。做一些互动的有趣的事情，以便激发客户兴趣。有时候 20 分钟的推销演讲反倒不如十分钟的推销演讲有效。

- 通过提问或新的提议动员客户或潜在客户参与：提出一些开放性的问题，以便确认潜在客户的兴趣有多少……
- 你感觉……用起来怎么样？
- 如果你在……时使用这个产品，你将何时……？
- 你感觉这个产品对你们公司能有何帮助？
- 操作起来很简单，你看到了吗？
- 你最喜欢产品的哪个功能？
- 设法让客户进行自我推销——你认为产品能为你或你的公司带来何种好处呢？
- 询问客户是否是最终决策人以及是否有足够的支付能力。

小贴士：当你完成演示后，不妨收走潜在客户的东西、关闭设备以及带走所有的资料。这有助于你消除所有可能分散注意力的事物，以便掌控整个销售过程。如果潜在客户要求再看看什么或者把玩一下什么，那么这就是一个购买信号。抓住这个机会。

设法在客户参与销售活动时把一支笔放在他的手里……这样当你把订单表格递给他时，他就完全准备好填写了。

愚蠢的幻灯片，是你？不是你？

在酒店的大堂里，我走过正在做销售演示的两人——销售员和潜在客户。销售员一心想“签下这笔订单”：他有条不紊地一页一页地翻看着幻灯片，专注地盯着手提电脑。而最让我吃惊的是潜在客户一点儿都没有关注这个销售员的演示：他要么就是看着空白的地方出神，要么就是完全神游太虚去了。

看到这一点，我直接向这两个陌生人走过去，对销售员说：“你在干什么？潜在客户根本都没有关注你。”然后我转过身对着潜在客户说：“你买还是不买？”潜在客户一脸吃惊地说：“买，我买。”我说：“太棒了！那就现在成交吧。”说完就嘿嘿笑着走开了。

我想起了一个古老的销售笑话：“先别买，我还没做完演示呢。”你现在可能觉得这有点儿可笑，不过我保证你做幻灯片演示时也会遇到同样的情况，而且搞不好还会经常遇到。

多数销售幻灯片演示都是无聊且可怜。哦，他们播放这个、播放那个，但是一点儿都不能激起观众的兴趣。“我们做这个，我们做那个，我们，我们，我们……”多数销售演示都是关于产品、公司以及销售员本身，根本不会考虑到唯一重要的人——要买东西的客户。

幻灯片演示最糟糕的部分就是他们并非由销售员自己而是由某些所谓的专家准备：也许是设计部门，也许是营销部门，但从来都不是销售部门。可怜的销售员（就是你）不得不拿着这个几乎是反销售的东西四处演示。

抱怨够了，接下来是解决问题。

以下列出了为了让幻灯片演示能更加吸引人，你应该注意的16.5个方面。

1. 一张幻灯片只说明一个问题。幻灯片不用花钱。

2. 添加一个令人意想不到的、私人的以及有趣的图片。

3. 演示主要通过演讲进行，幻灯片只是起强化辅助作用，而不是反过来。

4. 永远不要说："这张幻灯片读起来有些困难。"幻灯片不用花钱，为何不做成两张？

5. 不要加入旋转或滑动效果——完全是浪费时间。

6. 不要使用12岁的孩子都能找到的幼稚的剪贴画，这会让大家觉得你不够专业。除非是你自己制作的，否则就不要用剪贴画。

7. 计算笑声的次数，至少每五张幻灯片要笑一次。（如果每五张幻灯片至少有1次笑声，那么对于订单你基本就胜券在握了。）

8. 使用白色背景。五颜六色的背景只会分散注意力，毫无益处。

9. 我会在每张幻灯片的右下角添加一个硬币大小的公司标识。我也不知道为何要这么做，也没有人对我说过什么，但是我觉得如果MTV用起来不错，那么我不妨也试试。

10. 使用打字机字体，将主屏幕字号设为44pt。字体添加阴影效果。

11. 重要文字可通过加大一号字体的方式凸显，也可使用其他颜色。我通常用红色。

12. 如果你在为一张幻灯片绞尽脑汁以便让它更合适，那么不妨删掉它。很可能这张本身就不能说明问题。

13. 幻灯片要善于讲故事而非摆事实。销售中最有效的部分就是故事。事实和数字总会被忘记，只有故事能被记住——这是一条铁律。

14. 你的幻灯片是描述性的还是互动性的？幻灯片有两种：吸引人的和不吸引人的。重新浏览每张幻灯片，同时询问自己："这张有多吸引人？"如果幻灯片不够吸引人，你为何还要用它？

15. 你的幻灯片是提出问题，还是简单的陈述？提问有助于推动谈话，吸引对方注意力；而陈述（一般来说）只是无法证实的断言而已。

16. 你在幻灯片或者演讲中提到的陈述或主张，有多少是由证据支持的？由此引出我要说的最后一点。

16.5. 客户现身说法视频资料要贯穿幻灯片演示始终，以便佐证你的陈述和主张真实、可复制且适用于当前潜在客户。

读到这里你可能对你的幻灯片演示完全失去了信心：你的幻灯片让我说的一无是处。然而，请注意，你的竞争对手使用的幻灯片是同样的无聊可怜。解决问题的秘诀：妥善利用那个你现在每天晚上浪费在看电视重播上的时间，重新制作你的幻灯片演示，使它能完全考虑到客户的需求和欲望，以提问和推动对话的方式与潜在客户充分互动，使用些许幽默以保证销售演示生动活波，同时其中提到的每个事实和主张都有客户现身说法的充分支撑。

哦，顺便提一下，幻灯片演示结尾一定要包含约定签单的问题，以这样或那样的方式询问对方是否愿意签单。

你的幻灯片演示要100%考虑到客户的需求和欲望。
Make sure your PowerPoint presentation is
100% in terms of the customer's needs and desires.

第五部分
拒绝、成交及跟进，逐步成功！

The Book of Objections

5.1 拒绝记

拒绝记

火眼金睛，识别真正的拒绝

现实世界的拒绝，现实世界的解决方案

先发制人，防止拒绝

销售从客户拒绝开始

“我需要考虑一下。”

“坦白讲，我们的预算已经花完了。”

“我想再看两家供应商。”

“我是想买，但是价格太高了。”

“我对现在的这个供应商很满意。”

“我得跟某某商量一下。”

“请六个月后再次致电。”

I object!

我拒绝！

The sale starts when the customer says ***no***.

If you can turn ***no*** into ***yes***, you make the sale. Simple.

A sale is always made. Either you sell the prospect on ***yes***, or he sells you on ***no***.

You will hear the word ***no*** more than 116,000 times in your life.

Your challenge as a salesperson is to change 500 of those ***no's*** to YES! It will change your life and your bank account.

Don't take ***no*** for an answer.

Overrule objections.

Here's how…

当客户开始拒绝时，销售就开始了。
如果你能将拒绝变成接受，那么你就能签下订单了。很简单。
生意总是会做成。
要么是你让潜在客户接受你的产品；要么就是潜在客户成功让你接受他的拒绝。
在你的一生中，你将被拒绝116,000多次。
作为销售员，你的挑战就是将其中的500次拒绝变成接受。
你的生活及银行账户将因此发生巨大的变化。
永不接受拒绝为最终答案。
推翻拒绝。
你可以这么做……

拒绝、下单及跟进。得到肯定。

火眼金睛，识别真正的拒绝

客户说："我拒绝！"他是真的拒绝了吗？这是他拒绝的真实理由，还是只是个托词或者谎言？委婉地说，这叫作拒绝或疑虑，其实这就是潜在客户现在不购买的真实原因。潜在客户或客户真正要表达的意思是："你还没说服我购买。"潜在客户其实想要借此得到更多信息或保证。

多数拒绝都只是托词，并非客户现在不购买的真实原因。让情况更复杂的是，买家通常习惯隐藏他们现在不购买的真实原因。为什么呢？他们不想伤害你的感情，他们有些尴尬，或者他们害怕讲出事实。善意的谎言则方便容易很多，对于直接讲出真相而言，也更容易让人接受，因此他们便随口抛出一两个托词只为了摆脱你。

以下列出了潜在客户或客户常说的十大托词/善意的谎言：

1. 我想再考虑一下。

2. 我们的预算已经用完了。

3. 我得跟我的搭档（妻子、猫咪、情人、经纪人、律师、会计、心理医生）商量一下。

4. 我想回去再考虑一下，明天给你答复。

5. 我从不冲动购买，都是会花些时间考虑一下。

6. 我还没准备好购买。

7. 90 天后再来找我，那时候我们就会准备好。

8. 我们不在乎质量。

9. 现在经济不景气。

10. 我们有广告公司帮忙解决这个问题。

“我们对现有的供货商很满意”、“我们得再看两家竞标的公司”、“我们的母公司采购一切用品”以及“你们的价格太高”都是经典的拒绝托词，但是这些都排不进前十。

那么，拒绝的真实理由是什么呢？多数客户都不会直接说出他们不购买的真实原因。当潜在客户说：“我想再考虑一下”或者给出其他托词时，这些其实都不是他或她不愿购买的真正原因。

以下列出了现在不购买的真实原因：

- 没有钱。
- 有钱，但是钱不多，所以不想花钱。
- 没有必需的信用。
- 自己一个人无法决定。
- 没有权力进行超预算开支，或者需要他人的批准。

• 认为（或者明知）他在别的地方能够以更便宜的价格买到。

• 想买别的，但是不愿告诉你。

• 对现有的合作关系很满意，或者现有的合作关系是朋友或有其他私人关系。

• 不想更换供应商。

• 想再转转看看。

• 当前还有更重要的事情需要忙。

• 现在不需要（或者他认为不需要）你的产品。

• 认为（或知道）你的价格太高。

• 不喜欢或对你的产品没有信心。

• 不喜欢、不信任或对你的公司没有信心。

• 不喜欢、不信任或对你没有信心。

销售工作的第一要务就是找到客户拒绝的真实原因，而原因就在上述列表中。只有在明确原因以后，才有可能谈推翻客户拒绝并且最终签单。

你可以完美地推翻一个拒绝，但如果推翻的并非拒绝的真实原因，那么你就会百思不得其解为何现在还没有把订单签下来。当客户给出一个拒绝的原因，你必须首先确定这是否是他拒绝的真实且唯一的理由。辨别拒绝的真伪与推翻拒绝同样重要。对于多数销售员而言，他们的问题就在于不能找到客户拒绝的真实原因，因此在拒绝发生时并未做好应对的准备。为什么？包括以下一个或多个原因：

• 他们缺乏必要的技术（产品）知识。

- 他们缺乏销售工具。
- 他们缺乏销售知识。
- 他们缺乏自信。
- 他们事先未准备好应对（有时候是一个已经听了十遍的拒绝托词）。
- 他们的产品演示做得不好。

或者两个或两个以上上述列举的原因。

“价格太高了。”在销售过程中，这是销售员常遇到的经典拒绝。要推翻这个拒绝，你必须找到潜在客户真正想要表达的意思是什么或者他能承受的最高价格是多高。如果你听到了这句话，那么多半时候这个订单就没戏了。

Find the Real OBJECTION

销售工作的第一要务就是找到客户拒绝的真实原因。
Finding the real objection is the first order of business.

克服拒绝的真实原因。

现实世界的拒绝，现实世界的解决方案

拒绝，我热爱拒绝。克服拒绝是对销售员的真正考验。客户说的并不是不行，而是现在不行。拒绝有时反而能够反映购买者兴趣。

拒绝为何发生？

1. 潜在客户的头脑中存在一些未曾打消的疑虑（有时是由销售员创造的）。

2. 潜在客户想要购买或者有兴趣购买，但是需要了解更多信息、想要价格更低一些或者需要听听第三方的意见。

3. 潜在客户不想购买。

如果存在以下情况，**我敢保证你会遭到拒绝：**

• 你尚未完全确定购买者的身份。（他是决策者吗？他能买得起吗？他的需求和兴趣水平有多高？）

• 你尚未确立购买需求。

• 你尚未建立私人关系。

• 你尚未建立信用。

• 你尚未建立信任。

• 你尚未找到潜在客户的热键。

• 你的产品演示吸引力不够。

• 在潜在客户提出拒绝前，你在产品演示中并未提及并提前克服可能的拒绝理由。

克服拒绝的最佳方式是什么？做好准备工作。

以下列出了确定真实拒绝并最终克服拒绝的6.5个步骤：

1. 仔细倾听客户提出的拒绝，以确认它是真正的拒绝或托词。如果拒绝为真，那么潜在客户通常会多次重复。让潜在客户充分完整表达拒绝，而你不论听到什么，都要首先认同潜在客户的观点，这样你就有机会在避免争论的前提下技巧性地表达自己的不同意见。如果你认定客户的说法只是个托词，那么你必须设法让潜在客户坦白吐露真实的拒绝，否则你将无法继续进行销售。如果你认定客户的说法是托词或者需要进一步的澄清，那么不妨尝试以下开场白，以便获得真实拒绝的原因：

• 你的意思真的是……？

• 你告诉我……，但我认为你可能另有意思。

• 当客户这么说时，我的经验告诉我他们其实是对价格不满意。你也是这样吗？

2. 确定客户提出的拒绝原因为唯一的原因。围绕拒绝展开提问。询问潜在客户这是否是他或她不愿从你公司购买的唯一原因。询问潜在客户除了已经提出的拒绝，是否还有其他原因导致他们不愿购买。

3. 再次确认。换个说法，再次就同样的事情进行提问："换句话说，如果不是……，你将购买我的服务。是这样的吗，琼斯先生？"

4. 确认拒绝原因，为最终签单问题做铺垫。巧妙提问，其中需包含解决问题的办法。"如果我能证明产品值得信赖""如果我能给你延长质保"或者"如果我能在工作环境中演示这个系统"，那么这是否足以让你做出决定？

5. 回应拒绝，完全解决拒绝中所包含的问题，并设法让客户给出肯定的回答。现在就需要你使用手中掌握的一切资源了。如果你手中握有必胜王牌，那么现在正是时候打出（客户现身说法视频材料、对比图表、当场就能打通电话的客户或者与时间或价格有关的特价活动）。忘记价格——展示成本、演示价值、列出对比以及证明益处。如果你不能以一种与众不同或脱颖而出的方式回应潜在客户的拒绝，那么你将永远无法拿下这笔（或任何一笔）订单。产品知识、创造力、销售工具，你对自己、产品以及公司的信任以及你的沟通能力现在都要派上用场。你必须真诚且令人信服地表达你的观点，并设法获得潜在客户的切实认同。

6. 以直接或者假设的方式提出最终签单问题。提出一个问题，客户对于问题的回答将决定是否签单。

- "如果我能……，你会……？"是签单问题的经典提问模式。
- "我非常确定我们能做到这一点。我需要跟我的办公室确认一个事实。如果我这边没问题，那么我认为这笔生意就做成了。”或者“我可以跟所有决策者会面，以便最终确认订单。”

- “当你提问最终签单问题时，不妨引用相似情境。人们想要了解跟他们情况相似的人是如何做决定的。”

- 先问：“你为何觉得这个/那个重要？”然后接着说，“如果我能……你会……？”

6.5. **确认答案及订单（如有可能，以书面形式确认）**。可通过以下确认类型的提问将潜在客户敲定为客户。

- 你想要什么时候送货？
- 哪天开始最好？
- 你倾向于哪种送货方式？
- 你想把货送到哪里？

关于最终签单问题及客户拒绝的书籍有很多，不妨尝试多读一些相关书籍，并听一些相关光盘。这些资料中都包含着克服拒绝的方法，其中多数都可用。

你的任务就是对这些方法进行调整，以便让他们适应你的风格和性格。

终极目标就是完美地签下订单，以便你以后不再需要这些方法——因为你已与客户建立了友谊和私人关系。在一些你并未建立私人关系或友谊的时候，你唯一可以依赖的就是这些方法，因此你需要掌握尽可能多的方法。

吉特默免费小礼品

想要克服拒绝的悬崖小贴士以便放在钱包里随身携带吗？登录网站www.gitomer.com，在GitBit框中输入“CLIFFS OBJECTIONS”即可。首次访问用户需要注册。

“An objection may actually indicate buyer interest.”

– Jeffrey Gitomer

“客户拒绝有时可以反映购买者兴趣。”

——杰弗里·吉特默（Jeffrey Gitomer）

如果你能事先预见到拒绝，
那么你就能防止拒绝。

先发制人，防止拒绝

“你的价格太高了。”胡说八道。当你听到这句话时，你是不是觉得很讨厌？

这是销售界的头号拒绝说辞。销售员怎么会一再地听到这个拒绝呢？这让我很困惑。

没有新的拒绝，你之前都已全部听到过。你能想象潜在客户说：“你的价格太高了。”而你回答：“是的，我以前就听到有人说过。”（事实上，这个回答可能都比你现在用的要好。）不论你是处在哪个行业，客户现在不购买的原因都在5~20个之间。

有些拒绝的理由只是借口——拖延策略或者潜在客户不愿直接拒绝销售员。不

论是直接拒绝还是借口，对于销售员而言都意味着一件事：沮丧。

以下是克服这个销售难题的方法：你可以在产品演示中提前讨论客户可能提出的拒绝，以便阻止潜在客户自己开口说出。预防是应对拒绝的最佳良药。

以下是具体做法：

• **搜集可能出现的所有拒绝。**与销售代表及客户见面，对可能出现的拒绝进行头脑风暴。不妨询问他们遇到的十大拒绝，他们肯定很愿意分享。

• **记下拒绝。**把你搜集到的每个拒绝都详细列出。通常，同一个拒绝有不同的提出方式。

• **提前设计针对每个拒绝的回应，其中需包含最终签单问题。**为了有效防止拒绝的发生，你必须做好万全准备。完成这项工作可能需要一些时间，不妨与你的团队及客户共同讨论，针对每个拒绝设计多种情境。

• **准备销售工具，以便对每个回应进行改进和支持。**客户的表扬信、现身说法视频、对比图表以及支持类文件等都可以加快从拒绝到最终签单这个过程。公司需要准备一切必要材料，以便让销售员感觉自信且得到了支持，从而可以轻松签单。

• **通过角色扮演的方式对回应进行演练。**在设计好对拒绝的回应后，可安排几次角色扮演以便熟悉每个回应的情境。回应要尽可能的自然。

• **修正回应。**在角色扮演后，可能需要对回应进行相应调整。不要耽搁，马上调整。

• **在客户身上验证一下**。找到一两个有问题的客户，告诉他们你要做什么。他们会赞叹你的勇气，很乐意帮忙，并且通常都会给出真实的反应。

• **根据现实世界的情况，对回应进行最后修正**。在现实世界进行演练后，回应总是需要进行相应调整。确保每次演练后，都要记录下调整的情况。

将上述内容记录在笔记本上，并给每个销售员都复印一份。这样做的另一个好处是：当你雇用新的销售员时，将会有现成的培训手册为他/她提供切实的解决方案并保证立竿见影的收入。

定期举行小组会面，讨论回应可能需要进行的调整。总会有人能发现新的最佳解决方案。

关键是要确认可能出现的拒绝，并把设计好的反应写入常用的产品演示中，这样当你做完产品演示后，客户将会无从拒绝。

以下列出了可供参考的防止拒绝的7.5个工具和短语，不妨照此改进你的回应并加入到你的产品演示中。

1. **相似情境**——讲述相似客户的故事：他们有着相似的问题或拒绝原因，不过他们最终还是购买了产品。

2. **客户现身说法视频材料和信件**——其中有些可以直接拿来用以最终敲定订单。“我当时曾感觉价格太高，不过一年以来产品的维护费用都很低，因此我发现整体成本其实比去年降低了20%。谢谢你当时说服我购买。”

3. **关于你的产品或公司的故事或文章可以助你获得支持、建立信誉及信心**。

4. **对比图表**——列出与竞争对手的逐项对比图表。当潜在客户表示他们想再转转看时，不妨拿出图表。

5. **“我的经验告诉我……”**——这是最有效的一个开场白，可以有效防止拒绝。

6. **“我听取了我们客户的意见。**他们曾对……有疑虑，因此我当时就做了以下处理……”——让潜在客户看到他担心的事情可以解决。你听取了客户的意见，并帮助他们解决了问题。

7. **“我以前认为……，但是我改变了想法，现在我……”**——这种方法可以控制负面声誉（服务较差、价格较高等）的影响。

7.5. **做好准备**——你知道客户会提出拒绝，你以前就听过，因此不妨事先准备好提问、回答以及解决方案以便拒绝出现时随时应对。

如果你能在潜在客户提出拒绝前在产品演示中就提前将其解决，那么你很有可能就会签下这笔订单。

现实世界：如果您能提前预见可能出现的拒绝情况，那么你就能阻止拒绝的发生。听起来很简单，但是这需要准备和练习，而最终实现则需要时间、创意和专注。不妨尝试一下。如果你付出巨大的努力，那么你的回报将是非常可观的订单——以及鼓鼓的钱包。

销售从客户拒绝开始

客户不会一开始就告诉你他们拒绝的真实理由，而只会找借口推脱。然而，老道的销售员能够避开借口，找到客户拒绝的真实原因。

接下来的几页讲述了克服拒绝的方法，这些拒绝你经常遇到：

- “我需要考虑一下。”
- “坦白讲，我们的预算已经花完了。”
- “我想再看两家供应商。”
- “我是想买，但是价格太高了。”
- “我对现在的这个供应商很满意。”
- “我得跟某某商量一下。”
- “请六个月后再找我。”

有时这是客户拒绝的真实理由；而多数情况下，这些不过是客户的借口托词，甚至是谎言 。

克服拒绝的关键在于……

- 你对销售技巧的掌握。

- 你对产品的了解。
- 你对潜在客户的了解。
- 你与潜在客户之间的关系。
- 你的创造性。
- 你的态度。
- 你想帮助潜在客户的真诚愿望。
- 你的坚持不懈。

克服拒绝的关键与价格无关，只是或许与成本有些许关系。不过，克服拒绝的关键与价值有密切关系。接下来几页将逐一介绍各个拒绝，每个拒绝将聚焦单一事件，以便读者获得尽可能多的切实可用信息。我的目标是提供一个可用的解决方案，以便你下次给客户致电时直接使用。

小贴士：在你克服拒绝及签订订单以前，你必须首先确定客户拒绝的真实理由。

当潜在客户说“我需要考虑一下”时，你可以参考以下做法：

潜在客户说：“我需要考虑一下。”你是不是感觉很讨厌呢？

举个例子，你试图向琼斯建筑公司推销一台新式复印机。琼斯很有兴趣，但是面对你的推销给出了经典的托词“需要考虑一下”。

“需要考虑一下”是借口，并非拒绝的真实理由。

只有在找到拒绝的真实理由并创造性地将其克服后，你才有可能签下订单。

以下做法将助你结束琼斯先生犹豫不决的状态，最终签下订单……

销售员：太棒了！考虑一下意味着你有兴趣。对吗，琼斯先生？

琼斯：是的，我有兴趣。

销售员：你说要考虑一下并不是为了摆脱我，对吗？（以开玩笑的口气说出）

琼斯：哦，不是的，不是的。（开怀大笑）

销售员：（认真地说）琼斯先生，你知道这是一个重要的决定。复印机并不是单纯的复印机器，对客户发出的每一个复印件都代表了公司的形象。我相信你也认同我说的这一点。你是需要同公司里的其他人一起考虑一下吗？（隐含意思：他是唯一的决策人吗？或者还有其他决策人吗？）

琼斯：不，只有我。

销售员：我知道你是建筑行业的专家，你已经声名在外，而我则是复印机行业的专家。在我过去六年的从业经历中，我发现多数人在考虑过程中都会发现一些重要的问题，但是却没人可以回答这些问题……因为每一封复印件都代表了公司的形象。那么，为何不让我加入您的考虑呢，这样当你发现关于复印机的问题时，我就能随时回答它们，你觉得怎么样？那么现在请您告诉我，您要考虑的主要问题是什么？（你将由此开始发现拒绝的真实理由。）

小贴士：如果琼斯先生说他会与其他人一起考虑，那么你也必须与所有相关方在同一个房间里一起考虑，否则你就死定了。

当潜在客户说“坦白讲，我们的预算已经花完了!”时，你可以参考以下做法：

“我们的预算已经花完了”是潜在客户的最好借口之一，不过请记住只有在半数的情况下，它才是拒绝的真正理由。

- 有时你可以找到新的预算项目。
- 有时你可以请示更大的老板对预算进行修改或给予例外处理。
- 有时潜在客户抛出这个借口只是为了摆脱你。
- 有时潜在客户说的是实话——不过，如果每次是借口的时候我赢一美元，那么现在我已经是百万富翁了。

为了克服拒绝，你必须首先确定潜在客户讲的是否是实话。这里面可能有几层隐含的意思，“我们的预算已经花完了”隐含的意思可能是“我买不起”，或者“我在别的地方能以更便宜的价格买到，或者我在别的地方能买到更好的”，或者“我不想买你的（或者你们公司的）产品”，或者“我对目前的供货商很满意”，或者“我不想要你的产品。”

以下列出了帮助你破除困境的办法：

- 潜在客户先生，让我跟您讲讲我们的延迟支付方案。如果您现在签订为期两年的合约，那么我们可以将支付延后六个月，这样等您下期预算开始的时候，您只需加快支付过程即可。
- 如果我的服务能解决您的问题，那么您为何不做必要的调整以便将此次采购纳入您的预算呢?

• 哪些人有权批准超预算支付? 我们什么时候可以与他们会面?

为了确定潜在客户是否真的想购买或只是苦于没有预算，可尝试以下办法：

销售员：如果预算没有花完，您是否会购买我的产品?

潜在客户：哦，是的!

销售员：下次预算会议是什么时候?

潜在客户：七月。

小贴士：现在你可以提出以下问题，并记下答案。

“我需要提交什么提案？”“有无截止日期？”“你能否给我一份提案样本以供参考？”“提案还需要提交给其他人吗？”“您能给我一封推荐信吗？”（提案是否附带内部经理的推荐信有时可以决定最终能否签成订单）“我能否在会上亲自提交提案以便回答可能提出的任何问题吗？”（如果潜在客户在回答这个问题时有任何犹豫，那么这可能就意味着预算并不是客户拒绝的唯一真实理由。）

今年，你仍有可能会签下整笔订单或半笔订单。不妨试探询问当前情况：“还有人有权调整今年的预算以便找到些闲钱吗？已经批准通过的预算项目里是否还有钱没花出去？我们能把这项采购计入一项仍有余钱的预算项目（办公室设备、推广、捐赠、宣传或者广告）里吗？”

一个略有些强势的办法是：“你确定你能推动批准通过这项采购？”如果潜在客户回答“是的”，那么你可以说：“那就现在买了吧。我现在给你出账单，不过你可以等预算批准通过后再支付。”

"预算没有钱"是最难克服的一个拒绝，因为你不知道潜在客户讲的是否是实话。如果客户所言不虚，那么你必须认真做好跟进工作。如果你要提交推动预算通过的提案，那么提案必须简洁无误、准时提交并且清晰说明所有的条件。

你必须确认潜在客户是否想要购买你的产品，这样你可以提前确认明年的订单，同时也有可能今年就把这笔订单签下。

当潜在客户说"我想再看两家供应商"时，你可以参考以下做法：

你刚做完一场精彩的推销演讲，你知道你有最好的产品，并且你也详细介绍了产品能为客户带来的每个好处，但是潜在客户却说："我想再看两家供应商。"这确实够打击人，那么你还能做些什么或者说些什么以便今天签下订单呢？

最好的销售员都经过专业的训练，能够对拒绝做出得体的回应，并且在恰当的时候提出是否签单的问题。他们做产品演示时已经准备好一切，以便他们能当下签定订单。以下列出的解决方案使用的销售工具虽有些过时但仍然有效，你可以就此赢得订单并以你的精心准备给潜在客户留下深刻印象。

情境：琼斯先生需要一部手机以便进行更好更快的业务联系。他与你约定了会面，听了你的推销演讲，但是却对你说他想再看看。

这可能不是他拒绝的真实理由。

在这种情况下，你的目标就是设法说服琼斯先生今天购买或者引导他说出拒绝的真实原因。不妨尝试采用以下方法对犹豫不决的琼斯先生进行游说。

销售员：很多我的客户从我这里购买手机前，都会和您一样，也想再到处看看。我知道您想确保您购买的手机和服务都是最好的，对吗？

琼斯：对的，就是这样。

销售员：您能否告诉我您想再看看（对比）哪些方面？

琼斯：（琼斯开口说出的第一句或第二句话就是他拒绝的真实原因，除非他的目的只是为了摆脱你。）

销售员：如果你就这些方面（一一列举）与其他公司的产品进行对比后，发现我们的产品是最好的，那么你会选择购买我们的产品，是吗？

琼斯：是的，我会的。

好的，现在就是敲定琼斯这笔订单的时候了。

销售员：太棒了！我们的很多客户在购买前都想货比三家，而我们都知道这会占用您的很多宝贵时间。您想购买手机的主要原因就是想节省时间，不是吗？为了节省您的时间，我们提前为您收集了同类产品的信息。这张图表（一张写的满满的 11x17 的图表）列出了我们的 20 大竞争对手以及他们的产品、服务和价格供您查看。

不妨一一指出你公司产品优于竞争对手的地方，特别是琼斯先生曾明确表示额外关切的地方。

琼斯先生，现在您想何时签单购买您的手机呢？

小贴士：你的精心准备让琼斯先生很惊喜，但同时他也很意外需要现在就做决定，否则他就要说出拒绝购买的真实理由。（参考“我需要考虑一下”章节，了解你可能遇到的拒绝的真实理由。）

一张将你的产品、服务及价格与你的竞争对手进行一一对比的图表将有助于说服潜在客户当下购买，而不是继续货比三家。

其他解决方案……

主动提出帮助潜在客户货比三家。设法让琼斯先生告诉你他将比较哪些方面，然后告诉他你将做一个书面对比表，列出同类产品的各自优势。

琼斯先生将说：“我不想麻烦你太多。”你回应道：“琼斯先生，您的光顾对我而言很重要。我不介意做这个对比图表，因为我也可以就此确认我们在同行中仍然处于领先水平。另外，我们的产品还从未在货比三家的过程中败下阵来。”

现在，不妨拿出你的所有勇气，问一下：“您是想现在直接签单呢，还是想等看完对比图表后再签单？”

当潜在客户说：

“我是想买，但是价格太高了。”

你可以参考以下做法：

奔驰是世界上售价最高的汽车之一。有些人会说："价格太高了"，但是奔驰公司在世界范围内却售出了数千辆奔驰车。奔驰公司也是世界上最有钱的一家公司。

自2000多年前大马士革开放市场以来，买家就一直嚷嚷"价格太高"，但是他们仍然购买。

"价格太高"是经典拒绝。为了克服这一拒绝，你必须确定潜在客户的真实意思。假设他或她真的想现在购买，而他或她也是唯一的决策人，那么这一经典的拒绝背后可能隐含五层意思：

1. 我买不起。
2. 我在别处能以更便宜的价格买到，或我在别处能买到更好的。
3. 我不想在你处（或你的公司）购买。
4. 我不明白或不理解你的产品或服务的成本或价值。
5. 你还没说服我。

当你遭遇有关价格的拒绝时，半数情况下你无法签成订单。不过，你仍然拥有50%的机会——抓住它。

不妨尝试以下办法：

- **证明可购买性：**"如果您不雇用我们，而是继续维持现状，那么您花的钱会比购买我的产品或服务还要多。"
- **挑战：**"你想花多少钱买？""你能负担得起什么价位？"
- **试探谈判空间：**"'太高'是高了多少？"

- **谈论价值与未来：**“琼斯先生，您考虑的是每天花多少钱，而我们现在谈的是终生受益的价值。”
- **就我的个人经历而言，最有效的是：**“如果价格低一些，那么您现在（不是今天）是否会购买我的产品呢？”（假设潜在客户回答会的。）“您的意思是，除了价格以外，还没有阻碍我们成交的其他因素？”

小贴士：经过再三确认，我认定价格是潜在客户拒绝购买的唯一真实理由。“如果我们可以设法让您能够负担得起，那么您是否会立刻下单、接收货物或开始使用我的服务呢？”

如果潜在客户回答会的，那么你就需要想出一个创造性的解决方案：调整支付方案、打折优惠、 为未来购买提供优惠、对比价格与成本（一定期限内）或者直接尝试以原价再次进行推销。

关键在于要提前准备好应对方案。你已经预见到会遭遇拒绝，那么为何还不提前做好准备呢？

如果潜在客户很想购买你的产品或服务，那么他们自己也会想出购买的方法。即便潜在客户表示价格太高，但这也并不意味着他们不会购买。

潜在客户反复想要传达的信息是：“我想买，请告诉我们怎么买。”

即使潜在客户说："价格太高"，但这也并不意味着他们今天不会购买。

当潜在客户说：

"我对现在的这个供应商很满意。"

你可以参考以下做法：

太棒了，你想听到的就是这个。不要气馁，这其实是一个很容易攻克的拒绝理由。如果你能设法打开潜在客户的话匣子，那么你就可以由此开始一段长期的合作关系。即使他现在对当前的供应商很满意，这也并不意味着他会永远满意。

你需要意识到潜在客户的隐含意思是，他们当前的供应商是他们能够找到的最好的供应商。而你可能有更好的产品、价格、便利的送货服务、售后服务、培训以及质量保证。

潜在客户只是站在他的角度告诉你他对当前的供应商很满意，但他并不了解你或你的公司。

了解潜在客户因何对当前的合作关系感到满意将有助你想出继续推进的方法。

以下列出了潜在客户喜欢当前供应商的 12 大原因……

1. 价格或性价比高（感知价值）。

2. 产品/服务的质量。

3. 有特殊的合作关系。

4. 有私人关系。

5. 已经连续数年使用当前供应商。

6. 不认识更好的供应商——只考虑到当前的性价比高或者服务好。

7. 供应商“在我需要的时候给予我帮助”。

8. 服务好（友好且便捷）。

9. 有存货——送货快。

10. 量身定制的服务/有特别优惠的服务。

11. 他人介绍“这是我们的供应商。”

12. 惰性。现在有供应商，不想改变，花的不是自己的钱（自己不是老板）。

在克服这一拒绝前，你需要首先确定你遇到的情况适合上述哪个原因，否则你就是在浪费自己的时间。

当潜在客户说：

“我得跟某某商量一下。”

你可以参考以下做法：

当你听到潜在客户说“我得跟某某商量一下。”时，你可能已经意识到你犯了一个大错误。你未曾确认潜在客户的身份，不是吗？那么，现在你应该怎么做？

当这笔交易需要第三人批准时，你除了要进一步确认买家的身份以外，还必须采取以下行动步骤：

1. 获得潜在客户的个人同意。

2. 加入潜在客户的团队。

3. 安排与全部决策人的会面。

4. 重做整个演示。

如果你认为可以跳过上述步骤，那么你就需要再次反思一下了。很明显，你一直都在寻找捷径，否则你就不会忘记确认潜在客户的身份。如果当时你只是多问了一句："在此类事项上，除了你还有其他决策人吗？"你就不会遇到现在的尴尬情况。

以下逐一详述这四个行动步骤：

1. 获得潜在客户的同意。"琼斯先生，如果你是唯一的决策人，无需与其他人商议，那么你会购买吗？"（潜在客户几乎都会说会的。）我会接着问："这意味着您会向他人推荐我们的产品，对吗？"

我会按照下述这个看起来有点儿过于详细的清单逐一询问，因为我想确保不会再有其他问题：

- 价格有问题吗？
- 产品有问题吗？
- 服务有问题吗？
- 公司有问题吗？
- 我有问题吗？
- 你还有疑虑吗？
- 你对我们的产品足够喜欢以至于你想拥有它吗？

小贴士：比照你的销售实际情况对上述问题进行改写，使它们更符合你的性格与风格。你的目标就是确定对方同意购买。设法让潜在客户把你及你的产品推荐给他人，但是不可以让潜在客户（或任何人）替代你进行推销演讲。

2. 加入潜在客户的团队。谈话过程中开始使用“我们”及“我们团队”这样的词汇。加入潜在客户的团队将有助于你拉拢潜在客户，帮助你签下订单。

- “我们需要做些什么？”
- “我们什么时候能与他们会面？”
- “决策团队下次碰面是什么时候？我有必要在场，因为我相信他们会有一些问题需要解答。”
- “要加入团队我需要做些什么吗？”
- “简单跟我介绍一下其他人吧。”（记下每个人的特质。）尝试了解其他决策人的性格特点。

3 想尽一切办法，安排与全部决策人的会面。你的约会簿上需要留出几处空白，由此敲定与决策团队的会面。

4 重做整个演示。如果你想签下这笔订单，那么你只能重做一遍，否则就只能交由潜在客户。潜在客户一般都会认为他们能应付自由，并且会努力说服你将演示交给他们进行。

你签下这笔（或任何）订单的最好办法就是你要掌握局势。如果你让潜在客户代替你进行销售（代替你找其他决策人），那么你将失去这笔订单。无一例外。

其他解决方案……

询问潜在客户，他是否确信合作伙伴（妻子、老板）想要做成这笔生意。如果潜在客户回答：“是的，我确信。”你可以说：“太棒了！那么为何不现在就购买（签订合约）呢？”你可以稍后再告知他们，“如果你明天给我打电话，告诉我订单不行，那么我就直接撕毁合约，怎么样？”

你本可以避免这个拒绝，只需一句话……

确认买家的身份！

当潜在客户说：

“请六个月后再次致电。”

你可以参考以下做法：

这只是一种有礼貌的拒绝方式吗？你愿意（或者有胆量）触碰潜在客户的底线吗？

拍拍我的头，告诉我一边玩儿去——这是“请六个月后再次致电”（或其他任何委婉的请在一段时间后“再联系我”）的真实含义。潜在客户实际想说的是我不想买。为了克服这一借口，你必须确定导致潜在客户拒绝购买的真实原因是什么。

买家真的想买你的产品吗？你有无竞争对手？你的价格太高了吗？潜在客户支付得起你的产品吗？

事实是，当潜在客户说“请六个月后再次致电。”时，这就意味着你并未找到这一借口背后客户拒绝购买的真实理由（而你也不想知道）。这一拒绝背后的真实理由通常有：

1. 你未能建立足够的私人关系。

2. 你未能建立足够的购买者信心。

3. 你未能建立足够的需求。

4. 你未能创造足够的价值。

5. 你未能赢得足够的信任。

6. 你未能激起客户足够的购买欲望。

6.5. 你未能营造需要今天购买的迫切性。

这些你全都做到了？潜在客户还是没有告诉你实情？无稽之谈。如果你要寻找拒绝的真相，那么不妨再深挖一些。真实的原因还可能有以下这些：

- 潜在客户不是决策人。
- 潜在客户没有钱。
- 潜在客户不喜欢你的公司。
- 潜在客户不喜欢你的产品。
- 潜在客户认为你的价格太高。
- 潜在客户有朋友或其他关系可以通过其他渠道（以更优惠的方式）购买或获得你的产品或服务。
- 潜在客户不喜欢你。

不妨尝试提问以下问题：

- 六个月后会有什么变化？
- 你要我六个月后再次致电有什么特别的原因吗？
- 你今天不下单有什么顾虑吗？

关键问题：你愿意（或者有胆量）触碰潜在客户的底线吗？你是否有勇气问他："你其实是想拒绝我，对吗？"

如果你想攻克这一拒绝（借口），以便最终找到签下订单的办法，那么不妨做以下一个或多个尝试：

- 询问潜在客户："你认为你六个月后会购买吗？"
- 为了确认是否还有其他决策人，不妨提问："决定是如何做出的呢？"
- 询问潜在客户："你能现在签单而在六个月后进行支付吗？"
- 设法让潜在客户明白，如果他们现在购买，那么六个月的时间他们节省或赚回的钱已足以支付他们此次购买。
- 设法让潜在客户明白，他们延迟购买比现在购买的成本更高。
- 询问潜在客户是否计算了延迟购买的成本。
- 设法让潜在客户明白，现在购买的好处超过了继续等待的隐形成本。
- 设法让潜在客户明白，支出（花出去的钱）与成本（订单的全部价值）的不同。

关键答案：不论客户的回答是什么，有一个事实很清楚：你遭遇到延后六个月、六周或者六天的借口，错并不在客户身上。你并未发现客户的真实欲望、需求或者拒绝。

解决问题的关键并不在于相互指责，
而是要勇于承担责任。责任就在你身上。

第五部分
拒绝、成交及跟进，逐步成功！

The Book of Closing

5.2 成交记

潜在客户已经准备好成交的 19.5 个早期信号

回答潜在客户提问时要避免两个字——是与否

如何询问客户是否愿意成交？

“宠物狗策略”

让客户围着你转

先吃甜点！

世界上最成功的交易并非在于交易本身

Objections, Closing and Follow-up. Getting to YES!

拒绝、成交及跟进。逐步成功！

Closing...

That was your first close. And sometimes it worked.

The sale belongs to the closer...
It pays (big commissions) to master the science of the close.

All your work, all your preparation, comes down to one final question.

The close is a delicate balance between your words and actions and the prospect's thoughts and perceptions.

Here's how to ask for the sale and get it!

成交……
这是你第一次询问对方是否愿意签单，有时候一次就能成功。
订单属于勇于尝试的人……
掌握如何提出成交问题这门科学将会获得巨大的回报——丰厚的佣金。
你的全部工作与准备都会归结于最终的成交问题。
成交问题需要在你的言语和行动及潜在客户的感知和想法之间取得微妙的平衡。
下面我们开始讲述如何提出成交问题，并最终获得订单！

潜在客户提出的任何问题都
必须当成购买信号来看待。

潜在客户已经准备好成交的19.5个早期信号

提问：潜在客户何时准备好购买？

回答：如果你注意观察，那么潜在客户将会告诉你答案。

购买信号将产品演示与成交问题联系起来。在销售这门科学中，识别购买信号是学会提出成交问题的第一步。潜在客户都会给出购买信号。

当你做产品演示时，潜在客户将会打手势、提问、把玩你的产品或者以其他的方式传达出他有意购买的信息。作为一名专业销售人员，你的任务就是识别购买信号，并将其转化为订单。

以下列出了需要注意的19.5个信号（问题）：

1. **关于可用性及时间的问题。**这些有存货吗？你们多长时间进一次货？

2. **关于送货的问题。**你们的人过来需要花多长时间？我需要提前多久通知你？

3. **关于价格和支付能力的具体问题及说明**。这个产品多少钱？这套培训课程的价格是多少？我不知道我是否买得起。

4. **关于钱的任何问题或说明**。我需要预付多少钱？

5. **关于你的公司的正面问题**。你在这家公司工作多久了？你的公司经营了多久了？

6. **要求你重复一遍**。关于筹措资金，你之前说过什么？

7. **对前任供货商的抱怨**。我们之前的供货商服务很差。你们对报修电话的回应时间是多久？

8 .**关于产品型号和配置的问题**——你的产品或服务有什么用途。这个分类机是标配还是可选呢？

9. **关于质量的问题**。这台机器每月最多能复印多少张？

10. **关于保修或质保的问题**。质保期是多久？

11. **关于你个人或你所属公司资质的问题**。你们所有的员工都能接电话吗？

12. **关于你公司的正面具体问题**。你们公司还经营其他产品吗？

13. **关于产品/服务的具体问题**。如何操作手动送纸功能？人选由你还是由我来定？

14. **关于你的产品或服务归属权的具体问题**。你们每月自动提供纸张吗？你能每月来取我的财务数据吗？如果我喜欢她，我能让她为我全职工作吗？

15. **向你寻求帮助或确认尚未明说的决定**。这是我最好的选择吗？

16. **想要再看看样品或样片**。我能再看看样布吗？

17. **关于其他满意客户的问题**。你现在都有哪些客户？你的优质客户都有谁？

18. **关于客户反馈的问题**。我能联系几个以前参加过你培训的人吗？你能给我一个客户名单吗?

19. 购买噪声。我不知道这个。哦，真的吗？这个很有意思。这跟我们一直在做的事情一脉相承。

19.5. 你将信号转化为订单的能力。如果你应对得当，上述每个购买信号（问题）都能转化成加快成交的成交问题。

你应该如何回答上述问题？问得好！这就是一个购买信号。答案将在下一章节揭晓。

“Recognizing buying signals is critical to your success as a salesperson. You will go past the sale if you fail to recognizre them. And many do.”

– *Jeffrey Gitomer*

“对销售人员而言，识别购买信号对成功至关重要。如果你未能识别购买信号，那么你将与订单擦肩而过。很多销售员都是这样错失了许多订单。”

——杰弗里 · 吉特默

如果你用是或否回答潜在客户的问题，那么你将与订单擦身而过。

回答潜在客户提问时要避免两个字——是与否

当潜在客户问我一个可以用是或否回答的问题时，我从来不会用是或否来回答。其实，不论潜在客户问我什么问题，我都会尝试以提问的方式回答——或者在回答完他的问题后，末尾追加一个问题。这种回答方式凸显了销售的两个核心目标：

1. 我掌控着产品演示的走向。
2. 我成功签单的能力有所提高。

不妨思考一下再回答。当潜在客户提问时，这通常就是一个购买信号。你应如何回答他们的问题？作为一名销售员，当潜在客户提问或是显露购买兴趣时，你应该自觉动用最高销售技巧进行应对。如果你知道客户提问的答案，你的第一反应就是给出肯定的回答。**例如：**

- “你们有这个型号吗？”“有的。”
- “有绿色的吗？”“有的。”
- “你能周二送货吗？”“能。”
- “这些有存货吗？”“有的。”

上述这些肯定的回答不仅是错误的，而且还会不必要地延长销售过程。

另外，你还倾向于以直接的方式回答潜在客户的提问。**例如：**

- “你们送货需要多长时间？”“通常是两周。”
- “我需要提前多久告诉你？”“24小时。”
- “新型号什么时候出？”“1月30日。”

这些回答也是错误的。非常错误。

法则是：利用潜在客户的提问确认订单。换言之，当你接收到潜在客户的购买信号后，你需要想出一个提问式的回复——既要回答客户的提问，同时也要不着痕迹地确认潜在客户想要购买你的产品或服务。

事实上，操作起来并不会像我说的这样复杂。

以下列出了确认订单提问的示例：

- “你们有这个型号吗？”“你想要这个型号吗？”如果潜在客户给出肯定的回答，那么我现在要做的就是确定他想要什么时候送货即可。
- “有绿色的吗？”“你想要绿色的吗？”
- “你能在周二送货吗？”“你需要在周二送货吗？”

- “这些有存货吗？”“你需要马上送货吗？”
- “你们送货需要多长时间？”“你需要多快收到货？”
- “我需要提前多久告诉你？”“你一般能提前多长时间？”
- “你们的客服人员多久能到？”“你需要客服人员多久到？”

你也可以直接回答，只是需要在末尾追加一个确认订单的提问。**例如：**

- “新型号什么时候出？”“1 月 30 日。不过，如果你现在购买这个型号的复印机，那么你将享有特别优惠。让我们比较一下怎么买最划算。怎么样？”
- “你有客户反馈吗？”“这是客户名单。如果我们的客户反馈令你满意，我们何时能签下第一笔合同？”

以下是这个神奇的过程：

1. 识别购买信号需要经过销售培训。

2. （更难的是）构思提问式的回复需要的是创意与练习。

2.5. 流畅而温柔地给出提问式的回复则是销售大师级的水平。通常，也是可以签下订单的销售员的水平。

如何询问客户是否愿意成交？

关于询问对方是否愿意签单的论著有很多。你做的产品演示可能是世界上最好的，你可能对你销售的产品或你所处的行业了如指掌，但是，如果你不知道如何询问对方是否愿意签单，那么与客户吃饭对你而言很有可能就是白忙一场。

销售专家们J · 道格拉斯 · 爱德华兹（J. Douglas Edwards），金克拉（Zig Ziglar），汤姆 · 霍普金斯（Tom Hopkins），厄尔 · 南丁格尔（Earl Nightingale）等等，对于询问对方是否愿意签单给出了以下定义：提出一个问题，而潜在客户对于问题的回答可以使你确认订单。在你问出这个最为重要的问题后，至关重要的一点就是你要遵循有关销售的古老法则：在询问对方是否愿意签单后，请闭嘴！谁先开口谁输。

询问对方是否愿意签单的方式有数千种：当你走进大门时，你可告知潜在客户你想要的是什么（这次会面的目的或目标是什么），以便为询问对方是否愿意签单定下基调。而当你听到第一个购买信号时，就应立即询问客户是否愿意签单。一个重要指导方针就是要确保客户对你的提问不会说“不”。如此设计提问可能也会导致你不会得到梦寐以求的“同意购买”的回答，但你将会确定拒绝的真实理由或者推动对话继续进行，以便你最终获得“同意购买”的回答。

设计询问对方是否愿意签单的问题时，要注意回应潜在客户的主要需求或者欲望。

请看示例：“琼斯先生，这些T恤衫您想要深色的还是浅色的？”或者“您刚才说您想要多少件深色T恤衫？”或者“你想要下月一号以前还是以后送货?”或者“你想要何时送货？”或者“你是用支票还是用信用卡支付？”

以上示例通过询问时间、给出选择及询问更喜欢的方式等简单的方法避免潜在客户给出否定的回答。

让买家自己决定，但不要给他或者她说不的机会。

另外一些询问对方是否愿意签单的问题，潜在客户可能会以不作为回应。在你提问这类问题时，须确保你已经确认了潜在客户的兴趣，并且他已经给出了具体的购买信号。

示例：你正在向琼斯先生推销一台传真机。琼斯先生表示他需要在周二前买到一台传真机，但是还未说明他要从你处购买。你问道：“你想要我在周一晚上把传真机送到吗？”这是一个不错的询问对方是否愿意签单的问题。你给了潜在客户说“不”的机会，但是他基本不大可能会用。（即使琼斯先生说不，你还可以问：“什么时间送货您最方便？”）

询问对方是否愿意签单的关键在于询问的方式要真诚且友好，而不要勉强对方或给对方太多压力。如果你问出确认订单的问题后即停止讲话，那么空气中的紧张气氛将会很快凝聚。

如果房间内一片寂静，那么一分钟就会像一小时那么长。

自信很重要。如果你相信买家会买，那么他就会买。多数销售人员都不会主动询问对方是否愿意签单，或者是因为他们怕被拒绝，或者是因为他们不好意思谈钱，或者是他们不够敏感，没能认出客户的购买信号。我很高兴上述原因并未发生在你身上。

有关销售的最古老法则今天仍然有效：当你询问对方是否愿意签单后，

请闭嘴！

就我的个人经历而言，我发现销售员签单失败的最大原因在于他们不知道何时以及如何询问对方的签单意愿。

订单属于善于询问客户是否愿意签单的人。

人们都喜欢与这样的人打交道。

如果潜在客户在确认购买前可以有机会体验拥有产品或服务后的感觉，那么销售人员将很有可能签下订单。

“宠物狗策略”

你的销售过程应如何使用“宠物狗策略”？

销售宠物狗的最简单的办法就是让潜在客户（和他的孩子们）把宠物狗带回家过一晚，看看客户喜不喜欢它。而第二天早上，你根本不可能再把宠物狗从孩子们手里要回来。“宠物狗策略”由此而来。这一销售工具的效果令人难以置信，世界各地的销售员都在（稍加改良后）使用它。

不妨思考一下：

- 试驾汽车。
- 30 天免费试用会员。
- 带回家试用七天。
- 杂志第一期免费。

• 你的办公室可以免费试用我们的复印机两天。

• 上述这些都是各种形式的“宠物狗策略”。

你告诉潜在客户你的产品很好，但是潜在客户只有在摸到它、试用它、把它带回家以及使用它以后才可能体会到它的好。如果你能让潜在客户触摸以及试用你的产品，那么你就很有可能说服他们购买。

这就是购买前体验拥有感。这种策略可以成功地将潜在客户的抵制转化成接受。

显而易见，并非所有企业都可以使用“宠物狗策略”，不过已经有越来越多企业的销售战略开始要求在销售过程中要努力试图让买家试用所售产品。

如果你想买一套新西服或者套装，那么在购买前试穿一下，你就可以体验拥有感。衣服穿在身上很妥帖、很舒服、很漂亮以及销售员不时的赞美……所有这些都远比价格更能影响你的决定。你几乎可以预见到你穿着新衣服坐在办公室或者交易会上的画面。于是，你说：“好吧，我买了。”

如果你怀疑“宠物狗策略”的有效性，不妨找一家宠物店，领一只宠物狗回家过夜试试看。你可能还需要带上你的支票簿，以备不时之需。

“宠物狗策略”问世有多久了？上帝曾给摩西十块戒律碑。“试试它们。”上帝说。这的确是很有效的确认订单的方式，而且今天依然有效。5000 多年过去了，上帝依然拥有数十亿的客户。

Way to sell a Puppy

销售宠物狗的最简单的办法就是让潜在客户把它带回家过一晚。

The easiest way to sell a puppy is to give it to the prospective owner overnight.

“如果你追赶世界，世界将离你而去；而如果你想逃离世界，那么世界将紧抓你不放。”

——哈里·达斯（Hari Dass）

让客户围着你转

16 岁时，我决定养一只宠物狗。一天早上，狗狗突然逃跑了。我紧跟在后面追赶了几个街区，但还是没能追上。我顿时慌乱了，我想狗狗一定会被车撞。于是，我一路飞奔回家，把父亲叫醒，想让他开车带着我找狗。睡眼惺忪的父亲略有迟疑，不过开始穿衣起床。我转身朝车跑去——却被狗狗绊倒在地。

这个故事对于销售的启发是：让潜在客户追赶你。有些时候，给潜在客户一些挑战或者诱饵，效果可能更好。通常情况下，你都是太过急切地想要推销成功，以至于你忘记给予潜在客户足够的购买空间。

以下列出了这一策略的多个变种。虽然这属于老式销售策略，但有些时候也不妨一试。

反其道而行销售策略：（在买家显露购买兴趣后，将产品从买家手里拿走。）

多年以来，这种方法一直被吹捧为最有效的销售策略。20 世纪 50 年代，汽车旅馆经销权的销售开始兴起。销售员一般都是来到一座小城镇，首先拜访当地的银行，表示新的汽车旅馆“只有”十股，每股五万美元。销售员会请银行推荐合适的认购人选，并把他们集中起来，统一进行推销演讲。销售员会说：“我相信，所有股份都已经认购完了，但是我仍会继续我的演讲，接收你们的申购。如果有人临时退股，那么我将给你们打电话。”当天，我跟一位朋友的父亲在一起。他听完后赶紧填写了申请单。出乎他的意料，他接到了电话——有人退股了。后来我们发现，所有人都接到了电话。

策略好吗？好吧，至少它是有效的。策略符合道德规范吗？你决定。

“你可以吗？”销售策略：与其勉强潜在客户购买，你不如挑战他们是否有能力（资金，信用）购买。

这种策略通常用于逐门逐户推销中，也可见于需要信用的大件商品（汽车，房产）的购买中。你可以对这种销售策略嗤之以鼻，但它仍是许多大公司目前都在使用的主要销售方法。

你需要经过多久才询问对方是否愿意购买？
从你踏进门的那一刻起。

先吃甜点！

你参加了一个宴会。在与会人员还未到时，服务人员先上了一些沙拉和甜点。一般在这种情况，我都会找个位子先坐下，然后开始吃甜点。人们一般都会对我的行为感到意外或震惊。如果他们开口评论的话，我会问他们是否需要自己的甜点。如果他们说不需要，那么我会请他们把他们的甜点递给我。

如果有人让我从苹果派和冰激凌或者利马豆中选一个，我不是白痴，我肯定知道怎么选。确定订单之于销售就如同甜点之于吃饭一般——都是最好的部分。传统的做法是最后再做——而我则认为，一开始就做。

在进入潜在客户的办公室十秒之内，我就会开始设法询问潜在客户是否要签单。我清楚说明此次会面我的目标，同时我也会告诉他或者她我想要做什么。

我会告诉他们我做生意的三条原则：

- 我来是为他们提供帮助。
- 我寻求建立长期的伙伴关系。
- 我将享受整个过程。

一开始就说明你的目标和原则能让潜在客户放松心情。这会使会面开局良好，同时也可以建立信用和尊重，另外还为有意义的信息交换以及建立长期关系扫清了障碍。

从你踏入房门的那一刻起，就立刻告诉潜在客户你想要什么。而后，一旦听到潜在客户的第一个购买信号，你就可以询问对方是否愿意签单。

你的成长经历都在要求你按照他人设定的模式进行思考。而如果你想要尽可能地获得成功，那么你可能需要打破这些传统的思维模式。人们大都不愿走出自己的舒适地带，而大多数人也无法取得他们所希望的成功。我很想知道，这两者之间有无必然联系？

不要把甜点留到最后。先吃甜点！用一种甜美的方式询问对方是否愿意签单。

了解客户如何使用你的产品将有助于你找到更加有效的销售方法。

世界上最成功的交易并非在于交易本身

交易能让你更加了解自己的产品

除非你知道你的产品在现实环境中如何工作以及能为客户带来何种益处和收益，否则你的产品知识将毫无用处。表面看起来很简单，但是你究竟对客户在真实环境中、在日常工作中如何使用你的产品或服务有多了解呢？他们在工作环境中如何使用你的产品或服务？

在多数情况下，最终用户都并非实际购买者。购买复印机或电脑的人通常都不是每天使用这些机器的人，而只有最终用户才能带领你发现重要的销售信息。

- 实际做起来很简单。拜访你的客户，观察、询问以及倾听。
- 观察你的产品如何被客户使用。
- 询问客户的喜好和憎恶。
- 询问客户最喜欢的地方。

- 询问客户最不喜欢的地方。
- 询问客户想要改变的地方以及如何改变。
- 询问客户享受的售后服务。
- 观察产品的运作情况。
- 询问客户是否会再次购买。
- 询问客户是否会把产品推荐给同事。
- 记下或录下他们说的每句话！

观察产品的工作情况以及询问它的使用情况能为你的销售提供新的（同时也是有效的）想法。

- 这是最有价值的客户反馈。
- 这是任何培训都无法教会的产品知识。
- 这是了解客户真实需求的最好（同时也是很少人会去使用的）机会。
- 这是亲眼见证你的产品能为客户带来益处的好机会。

访问结束后……

- 记录访问并存档。
- 感谢客户的宝贵时间。
- 记录访问带来了何种改变。
- 推荐改进意见和建议。

不妨考虑一下访问为你带来的以下益处……

1. 你建立了令人难以置信的客户关系。

2. 你推进了双方的合作关系。

3. 你的竞争对手将更难踏进客户的房门。

4. 你获得了重要的产品知识，将为你带来更多的订单。

5. 在你的客户心中，你已经是一个顾问而非销售员了。

上门拜访时：讨论如何在客户的工作环境中使用产品，亲自动手操作显示你的专业知识。询问潜在客户一些问题，可以让他或者她在购买后依然会谈论产品的用途。“如果你购买，那么对于新购买的机器，你会有什么与已购买的旧机器不同的新的用法吗？”

如果你应对得当，那么这不仅是一个学习的机会，还会是一个销售的机会。

第五部分
拒绝、成交及跟进，逐步成功！

The Book of Persistence

5.3 坚持记

销售工具在跟进过程中至关重要

自孩提时代起，你就已经在推销！

哦，不！不要语音留言！

“请给我留言，我会稍后回复！”不要！

约不到人？

Blood, Sweat, & Commissions

血泪、汗水以及佣金

Persistence...

I could retitle this The Book of Pest Control. How to follow-up without bugging the client.

Persistence (with the right attitude) is the key to success.

If you believe in your product, if you believe in yourself, then you march to success.

Obstacles can't stop you. Problems can't stop you. Most important of all, other people can't stop you.

Only you can stop you.

Persistence is your desire to succeed combined with your creative presence.

Your persistence must be as relentless as the tides.

Roll on...

坚持……

我也可以把这章节命名为：害虫防治记。

如何在不叨扰客户的情况下实现跟进。

坚持（加以正确的态度）

是成功的关键。

如果你相信你的产品，如果你相信自己，那么你就可以走向成功。

你不会因困难而止步。

你不会因问题而止步。

最重要的是，你不会因他人而止步。

只有你自己能停止自己的脚步。

坚持就是你成功的欲望加上你的创意。

你的坚持必须如同潮水一般持续不断。

永不停息……

销售工具在跟进过程中至关重要

你创造跟进销售工具的能力能显著提高你在潜在客户心中的形象及签单成功率。

被定义为销售过程中的辅助工具或道具，销售工具能极大提高你的生产率，特别是当你需要多渠道跟进才能签定订单时。

常见的销售工具有电话、电邮、信件、销售手册及资料等，但是出色的销售员通常能创造出不同寻常的销售工具诱导潜在客户现在就购买，并且选择他或者她而非竞争对手的产品。

请预览以下销售工具，看看它们是否对你的销售过程也有效：

手写的私人便签（贺卡大小，印有公司名称和标识）比普通商务信件更好、更有效，同时能让潜在客户感觉你重视他或者她。

- **来自忠实客户的推荐信集锦**。第三方的推荐比任何销售员都更具说服力。
- **支持文章**。例如一篇最新发表的文章的复印件，你可以以此为借口致电客户或发邮件。文章不一定是关于你的公司。如果文章与潜在客户的公司有关，那更好，而如果文章与他的个人兴趣有关，那最好。

• **支持你所售产品/服务的视频资料**。可由你或你的供应商准备。一张图片的效用能抵过 1，000 句话，而一段视频的效用则能抵过十万句话。

• **在交际场合（高级俱乐部，商会聚会等）会面**。商务生活的核心就是商务或私人交际。

• **邀请对方参观你的公司**。可通过自豪地展示你的公司来发展与客户的业务关系。门口竖起欢迎访问者的标牌，全体员工精神饱满地向来访者问好。访问需令人印象深刻，提供高质量的食品。不妨自问：潜在客户回去后还会谈论这次访问吗？如果答案是否定的，那么调整你的访问安排直到可以得到肯定的答案。

• **有广告功能的小物品**。经常被用到、看到或谈到的小而有用、但不同寻常的小物品（便签贴、咖啡杯、T 恤衫）。

• **午餐约会**。多花几美元通常能帮助你拿下订单，同时获得有助于建立长期关系的私人信息。

• **下班后的会面**。与潜在客户在下班后会面，气氛将更加放松，同时你可以获得更多信息。设法了解及喜欢你的潜在客户，因为人们总会首选从他们的朋友处购买。

• **门票**。体育赛事、文化活动及研讨会的门票都有助于密切与潜在客户的关系。（与客户一同前往。）

• **电话是排在第二位的最有效的销售武器（上门拜访排在第一位）**。致电可以订立约会、提供信息以及确认订单，不过，致电有时也是多余的，并且不会得到回复。另外，在电话里很难让潜在客户在合同上签字，而潜在客户的支票也不可能通过电话线传递过来。妥善使用电话，每次致电都要确保自己掌握局势。打电话要有明确的目的，在未敲定下次约会或拿到合约前，永远不要结束电话。

SALES TOOLS

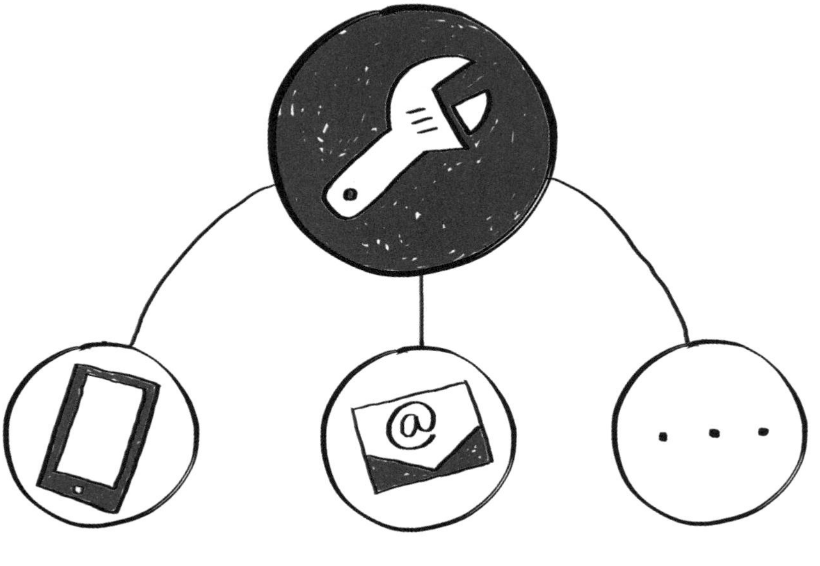

电话、电邮等销售工具能显著提高你的签单成功率。

Sales tools as telephone, E-mail can significantly make you sale more often.

在孩提时代与入职参加工作之间，不知何时我们忘记了需要有多坚持才能拿下订单。

自孩提时代起，你就已经在推销！

我想感谢Bonura培训体系的Joe Bonura。正是他的讲座为接下来的这个故事提供了灵感。

在你放弃这笔订单前，你可以承受多少次拒绝？还记得你七岁时同母亲一起在超市排队结账吗？你对母亲说："妈妈，我能买这袋糖吗？"如果与销售过程比对的话，这就是销售中的确认订单问题。

"不行，"母亲回答。你这位销售大师直接忽略首次拒绝，然后接着说："妈妈，我能买这袋糖吗？"母亲现在有点儿分心了，她在一心计算这次来超市花了多少钱。于是母亲答道："我说了不行！"你轻而易举避过第二次拒绝，接着说："哦！好妈妈，求求你了，买了吧。"

母亲这位潜在客户现在加重了语气。"绝对不行。"她吼出了第三次拒绝。（有时她甚至会拼写出来：N-O。）第三次拒绝也度过了。现在是时候提出关键问题了，让我们确定一下母亲拒绝的真实理由是什么。“妈妈，为什么我不能买一袋糖呢？”这是一个直接提问的经典示例，直指前三次拒绝的真实原因。你是如何在这么小的年纪就学会了这些销售技巧呢？

“因为它会让你没胃口吃晚餐。”母亲答道。听起来像是真实理由。现在你的机会来了。克服掉这次拒绝（第四次拒绝），你就能把糖收入囊中了。“不，不会的。妈妈，我答应你在晚饭后再吃糖。”你用最真诚的语气答道。

母亲已经在“负隅顽抗”了，马上就会“屈服”。不过，如果是最为犹豫的潜在客户，那么她一般不会这么轻易屈服。“好吧，我不知道。”她无力地吐出第五次拒绝。你看到了缺口，马上以讨人喜欢的稚嫩语气，半恳求半抱怨着喊道：“求求你了！”“好吧，”妈妈说道，“但是你只能在晚饭后才能吃。”（她需要败得有点儿尊严，所以她强调了这个警告“晚饭后”，只是为了在低头冷笑的结账员前保留几分面子。）

胜利！你拿下了订单，而且只经历了五次拒绝。你本来准备好经历十次拒绝，而且还冒着被打屁股的风险，有时候可能还需要当场哭闹一番。不妨思考一下。当你 7 岁时，你宁愿冒着当众出丑、体罚以及言语暴力的风险，也要签下订单。

在孩提时代与入职参加工作之间，不知何时你忘记了需要有多坚持才能拿下订单。

如果你正在寻找克服困难与拒绝拿下订单的最好示例，那么你不妨就坐下来回想一下孩提时代。那袋糖、初次约会、过了门禁、拿到了汽车的钥匙、争取到了更多的零用钱或者逃过了因为去跳舞而招致的惩罚——这些都是销售。这其中都充满了各种不可以和拒绝。不过，面对所有困难，你都坚持住了，不是吗？你愿意冒险，你愿意挨打，而最终你拿下了订单。

我敢打赌，孩提时代你拿下订单的成功率在90%以上。

如果你今天的签单成功率也能保持在这样的高水平，那么你将多赚多少钱？忘了那袋糖吧——你会有足够的钱买下整个杂货店。

通常来说，拿下一笔订单需要经历七次碰面或拒绝。那么，抵达第七次拒绝的秘诀是什么呢？坚持。

提问：
你会语音留言吗？
回答：
视情况而定！

哦，不！不要语音留言！

按 1 号键：…如果你想留言。

按 2 号键：…如果你认为你的来电永远不会被回复。

按 3 号键：…如果你已经留了三条留言，但仍然无人回复你的电话，现在你想通过电话发送一记闪电劈向那个不愿回复你电话的人。

按 4 号键：…如果你想击毙那个安装语音信箱的人。

语音信箱有时会成为销售员的炼狱，但并不一定都会如此。

语音信箱可用来建立联系，而非签订订单。你的目标是留下一段信息，吸引对方回复你的电话。

替代解决方案：忽略语音信箱，动用你的资源直接与你的潜在客户取得联系。

以下四条指导原则明确了语音信箱的销售功能：

1. 这是一个游戏——努力成为游戏赢家。

2. 语音信箱就在这里——设法绕开它。

3. 学会如何留言才能让他人回复你。

4. 足智多谋、创意多多以及令人印象深刻。

以下列出了一些绕开语音信箱直接联系潜在客户的解决方案：

• 按 0 号键转到话务员或者秘书。

• 询问是否可以帮忙让潜在客户接电话。

• 告诉话务员你不想在语音信箱留言，询问如何能直接联系到你的潜在客户。

• 告诉一名行政人员你被语音信箱繁琐的留言指示搞得晕头转向，而你并不是刚毕业的大学生，询问他们是否愿意帮助你。如果你有分寸地表达自己的愤怒，那么你可能会有意外收获——特别是如果接电话的是首席执行官身边的行政人员。

• 找到一名行政人员，要到潜在客户日常上下班的时间。

• 找到第三人帮忙尝试与潜在客户约定会面。

• 在守门人上班前打电话。（上午 7：45~8：30）。

• 在守门人下班后打电话。（下午 17：15~18：30）。

• 致电销售部门——如果他们认为你能提供帮助，他们将告诉你所有信息。另外，与销售人员打交道比和行政人员打交道有意思多了。

• 如果是大公司，不妨致电宣传或公关部门——他们的工作就是对外发布信息。

• 找到一名支持者或者同志——需是公司内部员工，他或她喜欢你或者信仰你的事业。

多年来，我在“是否要在语音信箱留言”之间挣扎，最后找到了我认为最好的解决方案。每次都要留言，即便是只是留下你的姓名和电话，因为你没有理由不留言。我知道语音信箱可以令人感到很沮丧，但是你应该将其视为一个可以建立联系的机会或者一个对你是否足够有创意以至于对方会回复你电话的挑战。如果你没有留言，那么这就说明你无法提供任何有价值的信息。

小贴士：如果你没有有价值的信息，那么即便潜在客户接通了你的电话，那么他也会挂掉。你的挑战就是使用你一贯随身携带的销售工具——你的大脑——打败语音信箱。

“请给我留言，我会稍后回复！”不要！

“如果你想留言，请按1号键。我将尽快回复您的来电。”好吧。如果你是个好孩子，圣诞老人也会送你一匹小红马。

“如果你是想推销一些我不需要的东西，那么请按2号键。”这句话更接近真实情况。

他们为何不回复你的电话？当你接通他人的语音信箱并且决定留言，那么你应采取什么措施才能确保他们回复你的来电呢？有很多措施：

如果你决定留下信息，那么不妨尝试以下解决方案以便你的来电得到回复：

- （以一种商务的方式）只留下名字（不留姓）和电话号码。你的来电得到回复的概率似乎与你留下的信息量成反比。
- 风趣诙谐。短小精悍的机智有助于你得到回复。
- 曲线救国。“我想给你邮寄一些重要的信息，因此想跟你确认一下地址。”
- 提供娱乐活动。“我有两张老鹰队比赛的门票，我感觉你可能会有兴趣。”这句留言一定会引来回复，“如果你不能前往，请电话通知我，以便我把门票送给他人。”

- **如果彼此第一次见面感觉良好，那么不妨提醒潜在客户你们曾在哪里见过面。**
- **撒下诱饵。**留言无需太长，只需有足够的吸引力让对方回复即可。
- **提出一个能激发对方思考或者有挑战性的问题。**

小贴士：永远不要对着语音信箱做你的推销演讲，因为对面没有人会同意与你签单。你的目标只是为了建立联系，因此你只需提供足够的信息吸引对方回复即可。

历久弥新的经典解决方案。Elijah&Co房地产公司的托马斯 · J · 伊莱贾三世在一次销售大师讲座上介绍了这个解决方案。托马斯说："语音留言只留半截（其中需包含你的名字和电话号码），然后在一句话说到一半、即将要说出重要信息时假装通话中断。如果能在一个词的中间中断，那效果更好。潜在客户会迫不及待地想要知道剩下的半截信息是什么，或者怀疑他的语音信箱出故障了。"

以下列出了伊莱贾方法的多个示例：留下你的名字和电话号码，然后一句话讲到一半激发对方的最大兴趣：

- 我们今天的一场重要谈话提到了你。当时我正在和于……
- 他么谈到了你，并且说……
- 我这里有一笔生意，可以为你提供十……
- 我很想了解以下你的……
- 我有你的……
- 我找到了你的……。
- 我有一些信息，是关于你的……
- 你的竞争对手说……

- 你致电是关于你要继承……
- 你是（对方的全名）要做……
- 我们想确保你收到了……。
- 我致电是关于一笔钱，你是不是落在了……
- 你好！我致电是因为艾迪 · 迈克……

最近，我曾给伊莱贾打电话想要了解一些信息。我在他的身上试验了他提供的解决方案，在话说到一半时中断了我的留言。我说："我想在本周的专栏里引用你的一段话，我需要……"他在三分钟内就回复了我的电话，笑得前仰后合。这个解决方案对于电话留言有着革命性的变革意义。我一直以来都在使用它，而且百试不爽。不过，如果你不了解对方，那么请在幽默使用上注意分寸。

如果你一连打出了多个电话，那么必须把你的留言记录在案，以确保有电话回复时你知道回复的是哪条留言。最糟糕（或者最愚蠢）的情况就是有人回复了你的电话，但你却不知道来电的人是谁。语音信箱公司声称语音信箱能帮助企业更快速地处理语音留言，而语音信箱的录音功能则能降低出错率且保证留言完整。事实的确如此。不过，许多人使用语音信箱（特别是你要联系的这些人）只是为了过滤电话。

如果你在选购语音信箱，那么不要只看是否方便。在你决定具体购买哪家语音信箱服务前，不妨也考虑一下你的客户因此可能会受到的影响。

他们能享受到更好的服务吗？有了语音留言系统后，你还能继续提供友好且人性化的服务吗？

不要把语音信箱与自动应答系统混淆。自动应答系统指的是电脑接听电话，这应该是史上最糟糕的商务发明。

对客户友好的语音信箱应具备以下特点：

1. 人工接听。

2. 由人工判断（拨打对方电话及观察反应）电话上要找的人是否在。

3. 如果电话上要找的人不在，那么由人工回复电话："琼斯先生不在。您是想我亲自帮助您记录下您的留言，还是在他或者她的语音信箱里直接留下更详细的留言呢？"

4. 对方的友好让你震惊到晕倒。

4.5. 你把你的经历告诉给别人。

如果你讨厌语音信箱，那么请按 1 号键。如果你想对方回复你的电话，并最终签下订单，那么你需要按准潜在客户的热键。使劲按吧。

如果你在某人的语音信箱里留了言，那么不妨自问："我会回复这个电话吗？"

如果你犹豫不决，那么不妨修改你的留言。

勇于冒险。

抓住机会。

开动你的创造力。

不要害怕犯错，

不要害怕失败，不要担心被拒绝，

不要因为某个粗鄙的人不愿见你就放弃。

约不到人？

那个人不愿与我约定会面。我约不到人，他没有出席既定约会，他不愿敲定约会，她不回复我的电话，他在两周内三次修改了约会时间。

欢迎来到销售员的现实世界。上述各种情境并非问题，而是征兆。当出现这些征兆（借口）时，隐含的是一些未言明但明显的拒绝。看看以下哪个原因符合你的情况。

如果你认为无一符合，那么不妨再思考一下：

- 你没有建立足够的客户兴趣。

- 你未提供任何价值。
- 你未创造或发现需求。
- 你未能或尚未建立私人联系。
- 潜在客户对目前的业务伙伴很满意。
- 你一直都在讲话（说教）而非询问（销售）。
- 潜在客户认为你不够重要，无需安排时间与你见面。
- 潜在客户感觉到你只想要“订单”而非“长期的合作关系”。
- 潜在客户对你、你的公司及你的产品印象不好。

杰克，多一些创意。你不会让上述小事阻止你完成目标，你会吗?

以下列出了一些有效的解决方案：

• **找到一个你认识的人，他或者她知道你想约谁。**如有可能，让这个人代替你给避而不见先生打电话（以便顺利过渡一下，或者找出他不愿见你的真实原因）。

• **使用传真。**发送一封推荐信、十大客户名单、一幅漫画以及你下周的日程安排（圈画出空闲时间）。使用传真敲开大门。

• **送出一盆绿植、一束花或者一件小礼物。**你会对小礼物的神奇力量感到惊讶——它竟然能如此之近地拉近双方距离，而不论墙壁有多厚，总能被一束鲜花轻而易举地穿越。适当的礼品篮将为你带来让你喜出望外的回应。

• **接近最了解你的潜在客户的行政人员。**了解潜在客户的喜好以及他的日常行程安排——上下班时间。收集信息。

• **设法在交际场合安排与潜在客户会面。**行业会议、商会活动、球赛等。想知道潜在客户在哪里？不妨问一下他的行政人员或者销售团队。

• **发一封有启发性但无挑衅性的信件。**在信件中，不妨提出一些问题或做出一些陈述，激发潜在客户进行思考。不要推销你的产品，只需激发对方兴趣，设法约定会面即可。

• 首次致电时请选择一个你知道（从行政人员处获得的信息）潜在客户会在的时间。最佳致电时间是每天上班前及下班后。

• **勇于冒险，抓住机会。**使用你的创造力。不要害怕犯错，不要害怕失败，不要担心被拒绝，不要因为某个粗鄙的人不愿见你就放弃。如果你相信你对他人有所帮助，那么就永远都不要放弃。

吉特默免费小礼品

除了敲定约会外，还有其他一些好处。你的创造力还可达成另外四个目标。登录网站www.gitomer.com，在GitBit框中输入“CREATIVE POWER”即可。首次访问用户需要注册。

第六部分
苦难与敌人

The Book of Lamentations

6.1 哀歌记

当好人遇上坏交易

销售职业生涯失败的 18.5 个特征

"You can't be a winner if you're a whiner… wiener."

–Jeffrey Gitomer

"如果你抱怨不止，那么你不会成为赢家"

——杰弗里 · 吉特默

你并不需要强力推销……
95%的时候客户会主动购买！

当好人遇上坏交易

所有的行业里都有好人与坏人，销售行业也不例外。调查发现在多数美国人心目中，唯一比销售员更差劲的职业就是政客。

我曾接到一个人的电话。他告诉我他怀揣着现金找到一家汽车经销商，想买一辆新车。然而，他遇到的销售员太差了，以至于他没买到车就离开了，而他到现在还没买到。他已经向20~25个人讲述过他的经历是多么糟糕。不幸的是，这种情况经常发生。糟糕的被推销经历数以千计。不过，这里面涉及到的销售员并不包括你，是吗?

每个读到这里的企业主或者销售员都会发誓说："这种事情肯定不会发生在我们这里。"他们大错特错了。销售人员很容易自满，自认为无所不知，同时认为客户蠢笨或者根本察觉不到他们的小伎俩。这些销售人员以同样的方式对待所有人，最后只能是失去订单。

他们未能专注在最基本的方面，以便让客户或者潜在客户做好购买的准备。放轻松——你并不需要强力推销。如果你应对得当，那么95%的时候客户都会主动购买！

以下是自认为无所不知的销售员（其他他们所知甚少或一点儿都不了解情况）常犯的十大错误：

1. **对潜在客户有既定成见。**不论是外表、衣着或者谈吐，你对潜在客户的类型以及是否有钱购买或者是否愿意购买都有根深蒂固的成见。

2. **未能妥善确认潜在客户的身份。**在销售过程开始前，未能提问适当的问题以便确认潜在客户的需求。

3. **未能倾听。**一直专注在推销上，并没有尝试理解潜在客户因何想要（需要）购买。

4. **居高临下。**自以为高人一等，在接待潜在客户或与其对话时看低对方，以至于买家感觉在销售/购买过程中双方处于不平等的地位。缺乏尊重。

5. **过于施加今天必须购买的压力。**如果你不得不使用这些策略，那么这说明你担心客户可能会在别处找到更合算的交易，同时这也反映出你缺乏发展“长期关系”的态度。

6. **未能关注对方需求。**如果你注意倾听潜在客户，那么你会发现他们会明确告诉你他们的需求。按照对方的需求，进行有针对性的推销，那么潜在客户肯定会购买。要站在潜在客户而非你的角度进行推销。

7. **太过直白地询问对方是否愿意签单，并且进行强硬推销。**“如果我能给你这个价位，那么你会今天购买吗？”这句令人厌恶的推销套话通常来自缺乏培训或者不想签下订单的销售员。当你询问对方是否愿意签单时，需避免太过直接。

8. **买家对你的意图产生怀疑。**如果在产品演示的结尾你的态度从友好变成高压或者你调整了价格，那么这会动摇买家对你的信心——你会失去订单。

9. 不够真诚。有一句古老的销售箴言：真诚是关键。如果你能假装真诚，那么你就能拿下订单。这句话说对了一半。真诚是构建信任及发展关系的关键，可以将潜在客户转变成真正的客户，前提是你必须成功地让对方感受到你的真诚。

9.5. 态度较差。“我卖给你是在帮你的忙。不要再对我要求太多，因为我做不到。”

以下是一个简单的自我测试，可以确定你是否正在失去客户。对于这些问题，你能给出肯定的回答吗?

- 在我开始销售之前，我是否知道潜在客户的需求?
- 我在销售过程中是否注意到潜在客户的需求?
- 潜在客户讲话时，我是否在注视着他?
- 我是否有通过记笔记或者不时提问来加强我的理解?
- 如果我是客户，那么我会购买我的产品吗?
- 我真诚吗?

我希望对于以下这些问题，你可以给出否定的回答：

- 我是否使用（高压）压力策略迫使客户今天购买?
- 我是否需要告诉客户有销售比赛或者对客户大倒苦水才能诱导对方签下订单?
- 我是否使用过时的销售策略并自认为潜在客户太过愚蠢根本不会觉察到?
- 买家是否会怀疑我的意图?
- 潜在客户回家考虑后是否会取消合同?

失败是一时，并非一世。

——金克拉

人们并不害怕失败，他们只是不知道如何成功。

——杰弗里·吉特默

销售职业生涯失败的 18.5 个特征

你对自己的成功（或者失败）负责，成为销售行业的赢家也不例外。为了确保成功，你必须采用先发制人的方法，其中很重要的一环就是要预防失败。

如果你发现自己在说："我没有做销售的天分""我不够强势""我讨厌初次拜访""我无法接受拒绝""我的老板是个混蛋"或者"我的老板是个大混蛋"，那么你前进的方向就是错误的。

有些人自认为他们能打出销售职业中的本垒打。然而，当他们（许多人的球棒都靠在肩膀上）挥棒努力一击时，却发现他们未能击中，并且就此被三振出局。以下列出了这些人身上常见的 18.5 个特点，其中有多少适用于你？

1. **你不相信自己。**如果你都不相信自己能行，那么谁还会相信？

2. 你不相信自己的产品。如果你不相信你的产品或者服务是最好的，那么潜在客户会察觉出来。你低迷的销售额也能反映出这一点。

3. 未能设立或达到目标。未能妥善计划。未能确立及达到具体的长期（你想要什么）和短期（你如何得到你想要的）目标。

4. 你太过懒惰（在南方称“懈怠”）或者你并未做好签下订单的准备。你的动机和准备是决定你的成就的生命线。你必须激情满满，随时准备好销售，否则你不可能拿下订单。

5. 未能学会接受拒绝。他们拒绝的不是你，只是你给他们的提议而已。

6. 未能完全了解所售产品。完备的产品知识有助于你把更多的精力集中在销售上。

7. 未能学会或者实践有关销售的基本方法。阅读、倾听光盘、参加研讨会以及将所学付诸实践。你需要学习的全部销售知识都已有人写过或讲过。你只需每天都学习一点儿新知识。

8. 未能了解客户或者满足他或者她的需求。未能提问或倾听潜在客户，因此未能发现潜在客户的真实需求。这其中包括对潜在客户有先入为主的成见。

9. 未能克服拒绝。这是一个较为复杂的事情。你未能倾听潜在客户；你未能站在解决问题的角度考虑问题；你未能营造互信的氛围，因此不能签订订单。

10. 不能应对变化。变化是销售的一部分。产品、销售策略及市场都会发生变化。妥善应对变化，你将取得成功；而抵抗变化，你则会失败。

11. 未能遵守规则。销售人员都认为规则是为他人制定。如果你认为自己不需要遵守规则，那么你真需要再思考一下。打破规则只能被解雇。

12. 不能与他人（同事以及客户）很好相处。销售从来不是单枪匹马的行动。你必须与同事共同努力，并与客户合作。

13. 太过贪婪。销售只是为了赚取佣金而非帮助客户。

14. 未能按承诺交货。不论是对公司还是对客户，如果你食言，那么这对你而言都可能是一场无法挽回的灾难。而如果你言出必行，你也会就此树立良好的名声。

15. 未能建立长期关系。如果你只想赚取佣金，那么你就可能会因缺乏真诚、服务不到位以及缺乏金钱以外的其他动机而失败。

16. 不明白努力工作会带来好运。仔细观察一下你认为幸运的人。他们（或者他们的家人）都曾付出多年的辛苦努力才积攒了今天的好运。你也可以拥有同样的好运。

17. 将自己的过错（责任）推诿到他人身上。勇于承担责任是取得任何成功的支点。标准就是采取积极行动解决问题；而回报就是宝贵的实践经验（不是金钱——金钱只是完美实践的副产品）。

18. 缺乏坚持。你不加抵抗就接受了失败。你未能诱导潜在客户采取行动，或者你不愿意坚持经历 7~10 次失败直至最后签下订单。

18.5. 未能树立及保持积极的态度。这是生活的首要法则。

如果上述 18.5 条有任何一条击中了你的薄弱环节，那么你迫切需要做出改变。销售中的弱点如同癌症，多数都是由于坏习惯或者疏忽而招致，容易发现，虽难以治疗，但并非不可能。要想保持销售健康，需要外界帮助以及定期治疗。

失败无关不安全感，只是由于缺乏执行力。世界上不存在完全的失败。

失败可分级，以下是4.5个级别：

1. 未能做到最好。

2. 未能学会。

3. 未能承担责任。

4. 未能达到配额或者预先设定的目标。

4.5. 未能树立积极的态度。

你的失败是哪个级别？

LACK OF

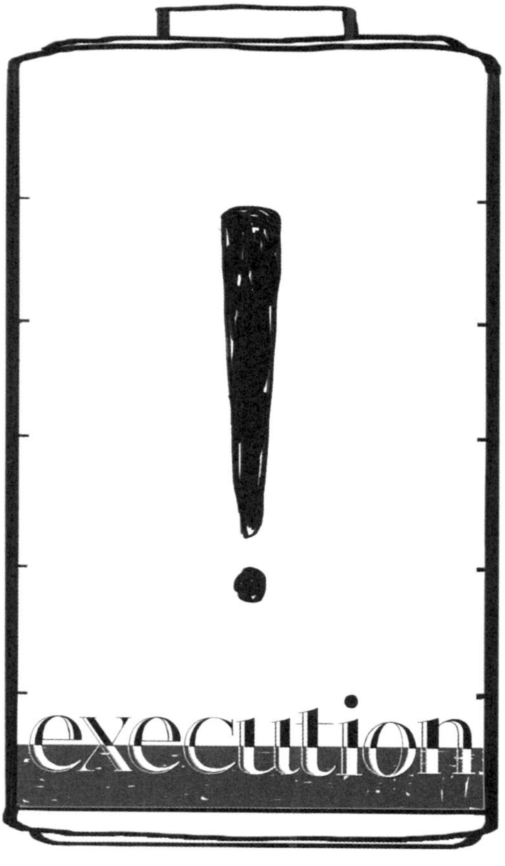

失败与缺乏安全感无关，只是由于缺乏执行力。

Failure is not about insecurity. It’s about lack of execution.

第六部分
苦难与敌人

The Book of Competition

6.2 竞争记

与对手共舞？步步惊心

"Of course you know, this means WAR."

– Bugs Bunny/ Groucho Marx

"当然，你知道，这就意味着战争。"

——巴格斯 · 巴尼
格劳乔 · 马克思

Competition…

Gentlemen,
start your sales pitch.

To the victor go the sales.
All's fair in love and sales.
I'm in the mood for sales.

Carl Lewis won the 100-meter dash three Olympics in a row. Who came in second? Who cares?

Are you going for the gold, or will you come in second?

There's no prize for second place in sales.

When you're in a foot race with your competition, here's what to do…

竞争……
先生们，
开始你们的推销演讲吧。
胜利者将获得订单。
爱情及销售中人人平等。
我想拿下订单。
卡尔 · 刘易斯连续三届获得奥运会百米赛的冠军。
第二名是谁？有人关心吗？
你是想夺取金牌，还是愿意获得第二名？
在销售中，第二名没有奖励。
当你与竞争对手进行竞走比赛时，你应该这样做……

与对手共舞？步步惊心

你觉得你的竞争对手怎么样？你回答：“我与竞争对手的关系很好。”

好吧，如果你急需五万美元的资金，否则你的公司就要关门，那么我保证你的竞争对手好友一定会给你发一条“一路走好”的信息。

卸下伪装吧。你的竞争对手可能会与你讲话，可能也会对你彬彬有礼，甚至有时候看起来还会帮助你，但是如果你问他们希望你生还是死，那么我打赌他们在家里都已为你准备好了葬礼。

> 他们帮助我，他们给我生意，他们打电话同我讨论共同面临的问题，生意足够大家一起做——这些都是你的竞争对手希望你说的，而他们却在暗地里千方百计地想摧毁你。这就是丛林生活法则（在销售行业尤为如此）。

还有一种说法——友好竞争。“现在让我们公平竞争吧。上笔订单我拿了，这笔你来吧。”我认为这种情况是不可能的。友好竞争就如同表面友好的蛇，它们会在眨眼间就转身咬住你，而你很难把毒蛇和无毒蛇区分开来。

竞争对手就如同一条陌生的蛇，有可能有毒，你不想靠得太近。最好对其尽可能地了解，尊重他们，随身携带蛇咬伤治疗包裹，以备不时之需。

以下是关于竞争对手以及他们对你的态度的一些事实：

- 有些还不错。
- 有些会有合作。
- 有些有道德。
- 有些喜欢竞争。
- 有些会喜欢你。
- 有些会与你交换生意。
- 有些会帮助你。
- 大多数不会。大多数都不喜欢你。

如何应对竞争对手：

- 了解他们在市场上的位置。
- 了解他们的主要客户有哪些。
- 他们在抢夺你的生意吗？还是你在抢夺他们的生意？
- 他们有挖走你的雇员吗？
- 尽可能详细地掌握有关他们的信息（销售手册以及其他资料）。
- 设法得到他们的报价信息。

• 在他们的所有门店，体验购买经历。了解他们的销售门类以及特点。

• 确认并利用他们比你差的方面。

• 了解他们优于你的方面，并立即进行改进。

如果你在初次拜访时，遭遇到了竞争对手……

• 即使潜在客户对你的竞争对手颇有微词，你也绝对不要说竞争对手的任何坏话。

• 称赞他们是称职的竞争对手。

• 给予他们尊重。

• 展示你不同于他们的地方——你能为客户带来更多的好处。

• 强调你的优势，而非他们的弱点。

• 展示客户现身说法资料——他们曾是竞争对手的客户，后来改用你的产品。

• 保持你一贯的职业道德和专业性，即使这意味着你咬紧牙关直至出血。

“Competition does not mean war. It means learn. It means prepare. It means be your best.”

– Jeffrey Gitomer

“竞争并不意味着战争，而是意味着学习、准备以及尽力做到最好。”

——杰弗里·吉特默

第七部分
顾客是上帝

The Book of Customer Service

7.1 客服记

做好客户服务的秘诀

完美的客户服务是有力的销售工具

客户投诉可以带来更多订单，只要你妥善处理

"To serve is to rule."

– *Lao Tzu*

"将欲夺之，必固予之"

——老子

Are you serving others the way you expect to be served?

Make your customer happy. Keep your customer happy. Forever.

If you don't have the time or the interest to do so, someone else will.

Sell them and serve them so that you can sell them again. And again.

Where does customer service begin? In the next decade, it will BEGIN with a 100% loyal customer. Start now.

Don't let your customers sing "I can't get no satisfaction."

Here's how to create memorable, legendary customer service...

你是否在以自己想被服务的方式在服务他人呢?

设法让你的客户快乐。

设法让你的客户永远保持快乐。

如果你没有时间或者不感兴趣，那么其他人就会取而代之。

把产品销售给客户后，还要做好售后服务，

这样你就能一而再再而三地把产品销售给他们。

客服始于何处? 在下个十年，它将始于一名绝对忠实的客户。

现在就行动吧。

不要让你的客户抱怨："我不满意。"

以下章节将讲述如何提供令人难忘且口耳相传的客户服务。

客户服务只是令人满意，已不再符合市场需要。

做好客户服务的秘诀

客户服务是英语中最受非议的一个词语。作为客户，你总是对你接受到的服务（或者服务的态度）感到失望，以至于你不得不购买他人的服务。想起来有点儿令人难以置信。公司签下订单，赢得客户，而后又因为粗鲁、冷漠、跟进不足、服务较差或者反应较慢失去了辛苦（以及花巨资）赢得的客户。

听起来似乎有点儿可笑，但是这样的事情每天都会发生数千次。你也一定已经遇到过多次，而且肯定也曾抱怨不止。事实上，有统计显示，满意的客户会把自己的经历讲述给身边的人，而不满的客户也会把他的悲惨经历讲述给身边的人听，供后者的传播人数是前者的二十倍以上。

你的客户服务有多好？签下订单后，你对客户的态度还会与签单前一样吗？我曾参加过泰 · 博伊德一个名为“客户服务的精神”的研讨会。我本以为我会从一个伟大的演说家身上学到精彩的一课，但是我错了。事实是，我从一个演示大师身上学到了令人难以置信的系列课程。我收获了有关客服以及留住客户（这是一项值得永远探索的工作）应该做及不应该做之事的 100 条法则、教训以及示例。

你怎么会失去客户？泰列举出了以下有关客服的七条致命过错：

1. 将金钱或利润置于服务之前。

2. 由成功（变胖）带来的自满。

3. 企业管理较差，没有团队精神（员工相互埋怨，都认为“这不是我的工作”）。

4. 企业员工缺乏培训、得不到认可或者不断离职。

5. 不注意倾听——在具体了解情况以前，就有了先入为主的答案。

6. 与世隔绝——对客户或者竞争对手关注不够。

7. 光说不做，或者更糟糕——说谎。

上述过错你可能全都经历过——时不时就会犯下一两个类似错误。然而，如果我问你你有没有犯过上述过错，你肯定会回答“没有”。知道吗？有人在说谎或者生活在自己臆想的世界里。

客户服务是一项复杂的工作，对于任何企业的成功而言都至关重要。如果没有正确的指导和标准，客户服务很容易都误入歧途。

以下列出了泰·博伊德关于客户服务的部分真知灼见：

- 客户服务只是令人满意，已不再符合市场需要。
- 客户服务始于绝对忠实的客户。
- 客户的感觉就是事实。
- 错误是企业进步的机会。

- 问题可以促成有益的调整。
- 让客户感觉自己很重要。
- 学习如何提出问题。
- 倾听是最重要的艺术。

泰 · 博伊德详细讲解了如何提高倾听的技能。倾听是客户服务过程中至关重要的一环。销售人员往往倾向于说得太多；而有时正是因为他们未能注意倾听客户的真实需求和欲望，从而失去了订单和客户。

为了充分发挥销售员的倾听能力以及提高客户忠实度，泰 · 博伊德给出了以下建议：

1. 不要打断客户。（“但是……但是……但是……”）
2. 提出问题，然后闭嘴。集中精力，注意倾听。
3. 成见将影响你正确理解客户要表达的意思。不要带着先入为主的成见去倾听。
4. 在对方讲完全部故事前，你不要过早得出结论。
5. 带着目的去倾听，注意细节及结论。
6. 积极地倾听还包括主动理解。
7. 注意倾听对方的未言之意。未言之意往往比说出来的话更重要。
8. 注意倾听对方的言外之意。
9. 在开口说话前，先要消化理解一下对方讲的话（以及未明说的话）。
10. 通过各种行动，告知对方你在听。

听起来很简单——其实也不难。只需专注认真即可。

完美的客户服务是有力的销售工具

客户服务是一项值得不断追求做到更好的事业。好的客服将有助于提升客户忠实度——你的客户将不断告诉他人你所提供给他们的优质服务。

你的客户有这样的感觉吗？如果有，那么你的公司就位居美国公司中客服最好的那5%之列。根据泰·博伊德所言，另外的95%的美国公司在客服上都有不足。多年以来，泰一直在收集有关客服的资料，并在世界各地进行演讲。

由于所售产品及服务的种类各不相同，每家公司对客户服务的定义都有所不同，而其中的恒定部分就是客户服务的特质。

以下列出了泰总结的关于客户服务的12项关键特质——你的公司具备了几项呢？

1. 公司全体员工致力于让客户满意。
2. 立即回复客户问询（现在而非明天）。
3. 将客户需求具体责任分配到个人（避免推诿责任）。
4. 言出必行，即刻跟进。
5. 对客户的投诉及处境表示认同或同情。

6. 灵活满足单个客户的具体需求（不仅仅局限于公司政策之内）。

7. 赋予员工部分决策权。

8. 一贯做到按时送货。

9. 售前售后都要做到言出必行、履行承诺。

10. 送货体系要做到零缺陷及零失误。

11. 客服人员及相关执行人员都需挑选优质员工。

12. 接打客服电话时保持微笑。

“写下你的客服标准，并按照标准去工作。”泰 · 博伊德充满激情地说。

Auto Zone：美国最大的汽车修配连锁商汽车地带致力于提供令人惊艳的客户服务，并且在实际工作中也做到了这一点。汽车地带有一个GOTTCha项目——走到客户汽车面前去帮助他们。汽车地带的客服理念是WITTDTJR——想方设法把工作做好。你会吗？汽车地带的员工们都精力充沛，对产品了如指掌，并且致力于帮助客户——他们尤其注意帮助女性客户及时了解所需产品的信息。汽车地带的门店们都生气勃勃，客户们都可以感觉到这一点。

Nordstrom：美国高档连锁百货店诺德斯特龙对于员工而言的客服理念是：在一切情况下，都请你根据实际情况，做出最好的判断。有些我的学员曾在诺德斯特龙购物，他们列举了许多超越本分的客服经历，包括到竞争对手处回购他们已经售罄或没有存货的产品以及免费给客户送货等。

L.L.Bean：美国著名的户外用品品牌规定，员工在对客户说不前，必须获得高级管理人员的许可。想想这是怎样的客服精神！

道理很简单……优质的客户服务能让你在回头客身上赚到很多钱；而差劲

的客户服务却会把你的客户赶到竞争对手身边。

每次你遇到一位客户，不妨尝试以下做法……计算一下十年间这位客户的价值（以及能为你带来的利润），这样你就能从一个全新的角度开始审视这位客户。

泰·博伊德总结了“接近真正老板——你的客户的51种方法”。以下列出了部分示例：

• 高级管理人员定期拜访客户。

• 安装客户服务热线。

• 制定一小时内回复所有问询及投诉的规定。

• 设立每条投诉都要在24小时内处理完毕的目标……然后将时间缩短为12小时。

• 高级员工或者高级管理人员亲自接听客户投诉。

• 围绕“（我们的公司）就意味着服务”设计一句口号。把口号贴在墙上、印在信纸的信头上、印在公司宣传资料上以及印在公司的制服上。把口号纹刻在你的额头上。

对你而言，客户投诉也可以是巩固双方关系的机会。

客户投诉可以带来更多订单，只要你妥善处理

客户永远正确，除了他或者她出错的时候——事实上，他们大多时候都是错的。在销售中，对与错并不重要，重要的是客户的感觉——让客户满意和开心至关重要。那么，处理令人讨厌的客户投诉的最好办法是什么？不妨尝试以情动人：

以情动人是我发明并且反复使用的一个策略。为了使用这个办法，你必须首先承担责任——即使错误并不在你身上或者不应由你来处理此事。客户并不关心谁对谁错，他很生气，想要你处理——现在就处理。

以下列出了面对不满客户承担责任的14.5个步骤：

1. 告诉他们你明白他们的感受。

2. 对他们表示同情。（分享一个类似的情况，告诉他们你对此事也很气愤，告诉他们发生在你身上的一个类似事件。）

3. 从头到尾倾听客户倾诉。确保客户已告诉你一切。不要打断客户。适当提问以便更好理解问题以及确定如何才能让他们满意。

4. 尽可能认同他们的看法。(绝对不要与对方争论或发怒。)

5. 边听边记笔记，并与客户进行确认，以确保记下一切以及客户把他们想说的或者需要说的话已经全部说完。

6. 做好公司的形象大使。告诉客户你将亲自处理他的投诉。

7. 不要埋怨他人或者寻找替罪羊。承认你（以及/或者公司）有错，承担责任以及改正错误。

8. 不要推诿责任。“这不是我的工作……”“我以为他说的是……”“她现在不在……”以及“另有他人处理此事……”，这些回复都不适合，客户都不能接受。

9. 立即回复。当有问题出现时，人们想要（以及希望）问题能马上得到解决。客户想要事事完美。

10. 在问题以外寻找共识。(不妨尝试建立私人联系。)

11. 如有可能，使用幽默。人们会因开怀大笑而放轻松。

12. 双方共同寻找解决方案，并就解决方案交换意见以至于最终达成一致。如有可能，给予客户多个选择。确认解决方案（如有必要，可通过书面方式进行确认）。告诉他们你计划怎么办，并付诸行动。

13. 问题解决后需进行跟进拜访。

14. 如果可以，不妨请客户写一封推荐信。以积极及令人愉快的方式解决问题有助于增进相互尊重、积攒人气以及为发展长期关系奠定坚实基础。告诉客户如果他能就问题的解决写一两句话，那么你将非常感激。

14.5. 不妨自问：“我学到了什么以及我能做些什么防止类似情况再次发

生？我需要做出改变吗？”

重获客户满意很重要。如果你能让一位不快乐或者不满意的客户满意，并且成功说服他或者她为你写一封推荐信说明你解决了问题，那么你肯定能与这位客户发展长期关系。

而如果问题无人解决，那么你的客户肯定会转投你的竞争对手。

在努力让客户满意的过程中，需尤其注意一下几点事实：

• 客户明确知道自己想要什么或者想怎么做，但是他却可能不善表达，因此无法完整说明他的意思或者他的表达方式让人难以理解。如果客户无法简洁清楚地表达自己的不满，那么就需要你为其提供适当帮助。

• 不要忘了，你自己也是他人的客户。不妨试想一下，当你自己是客户时，你期待享受怎样的服务。

• 每位客户都认为他是你的唯一。不妨就把他当作唯一来对待，让他觉得自己很重要。

• 客户也是普通人，与我们有着同样的问题。

• 客户期待召之即来的服务。

• 一切都有赖于你。

• 客户的感觉就是现实。

• 客户要什么就给他什么，这是很难的事情吗？

the level of Service You Expect

不要忘了，你自己也是他人的客户。试想一下你期待享受怎样的服务。
Remember you’re the customer elsewhere. Think about the level of service you expect.

第八部分
传播福音

The Book of Communications

8.1 沟通记

每周销售例会——新交易的诞生地

有效的销售信函——只要你把握好分寸

达成更多交易？——只要你用心倾听！

学会倾听的两字秘诀——闭嘴！

客户类型有千亿种——逐一了解

Say What?

说什么？

Communication is the lifeblood of the selling process.

Communication is not just talking.

It's getting your mission accomplished by a combination of
talking,
writing,
listening,
and doing.

Complete communication with your prospects, your customers, and your associates must be your purpose.

Talk it up,
listen up,
do it up,
so you can write it up.

Communication = Sales!

交流是销售过程的生命线。
交流不只是讲话，而是经由讲话、写作、倾听以及行动完成你的使命。
你的目标需是与你的潜在客户、客户以及同事实现完全交流。
说好，
听好，
做好，
这样你就能完美地写出来。
交流=订单！

销售会议结束后立刻与客户订立约会。

你正斗志昂扬、满怀激情。

为何不把激情用在潜在客户身上呢？

每周销售例会——新交易的诞生地

销售咖啡因。清晨的销售会议。

销售员工大会是公司对销售团队期望与销售团队实际工作情况之间的重要纽带。就是在销售员工大会上，市场营销转化成了订单。然而，有多少经由这些销售员工大会提供的机会就这样白白浪费掉了呢？答案是：有很多。

销售会议应该是一个论坛，销售员工可以借此报告他们的困难、获得达成目标的协助及鼓励、接受解决方案培训、分享心得及进行其他交流。销售会议的目的就是鼓舞销售员工士气，让他们做好销售的准备。

小贴士：我特别没提到两点——抱怨和发牢骚。这两点是不允许的。

上周，我参加了一个精心安排的周一上午的销售会议。

• 他们有议事议程，并且按照议程进行会议。

• 每位员工都有机会分享他们上周最好的订单。

• 他们提供一节销售培训课。

• 与会的行政人员很少。

• 有 15 分钟的产品知识宣讲。

想给你的每周销售例会评分吗？不妨自问以下问题：如果销售会议不是强制参加，那么我会与会吗？

在两个小时长的销售会议中，销售员工始终都在积极参与，并一直处在学习状态之中。销售会议传达了很好的销售信息，并且没有销售员在会上发牢骚。在我参加过的销售会议中，没有几个能做到这么好。

你如何能确保每次的销售会议都开得这么好呢？事先规划及准备。让员工都有发挥领导能力的机会。事先设置议事议程，确保议程贴近实际、有趣、有效以及能动员大家充分参与，同时会议要按照议程推进。

不妨参考以下标准：

• **行政人员参与很少。**最多五分钟。

• **不要做无聊的事情，例如重温新的表格、公司政策、个人争议以及有问题的地方。**找到更好及更快的沟通方式。不妨尝试以下做法：准备一张关于新表格的指导说明，在会上传阅。

• **小贴士：**不论怎样，销售人员都不会重视行政人员。

• **除非你已经有可能的解决方案，否则不要提出任何问题。**这条规则适用于每个人，可以让大家从解决方案的角度看待问题。

• **做一些有趣的事情，让销售员工自我感觉良好。**奖励，分享成功故事。

• **帮助销售员工更好地了解他们的职业。**每周由销售团队中的一人就一个话题举行一个小型讲座。

• **帮助销售员工增加收入。**准备一些销售中常见的拒绝和困难，进行圆桌讨论。对可能的解决方案，进行角色演练。

• **邀请现实世界的客户与会。**每周邀请一名客户参会，讲述他或者她为何购买你们的产品。他们的讲述可能会令你深感意外，不过倾听来自现实世界的声音很重要。客户将会对购买过程进行仔细分析（这样做的效果要远远好于你努力学习销售过程）。

• **销售会议需安排在早晨。**准备好食品及咖啡，尽早进行会议。

• **要求与会员工准时出席。**迟到罚款/早到有奖金。不论如何，都要准时开会；不论如何，会议都要准时结束。

• **强调积极方面。**公开对你的员工表示支持，特别是在大家面前。而如果你对某个人有负面的意见，那么不妨私下告知他或者她。

销售会议是规划本周销售情况的地方。有些人利用这个机会进行威胁与抱怨，而有些人则利用这个机会进行鼓励与学习——猜猜哪些人会是最后的赢家？

第一句话就直奔主题。

有效的销售信函——只要你把握好分寸

销售信函有多重要?

我曾经收到数百封各种各种的销售信函。介绍、宣传资料、见面、做了演示、现在跟进、这是我们的资料、感谢您的订单——大概都是这种模式。多数销售信函都有具体的目的，但是多数销售信函都不好（不能振奋人心）。好吧——多数销售信函都很乏味。

销售信函中的字斟句酌是销售过程中不可或缺的一部分，因为客户或者潜在客户阅读信件时会对你或者你的公司产生印象。

销售信函的作用：如果你的销售信函写得很好，那么客户将认为你很棒；如果你的销售信函写得很有创意，那么客户将认为你是个很有创意的人；而如果你的销售信函写得很愚蠢，那么……

有些销售员在写信时很难找到合适的词汇。这并非因为他们不会写作，而是因为他们不懂写作的规则。

以下列出了一些将你的销售信函转化为订单的指导方针：

1. **开始第一句就说明你写信的目标或者目的。**直奔主题。不妨在正文前加个标题。

2. **段落短小精悍。**突出重点。

3. **修改，修改，修改。**删掉每个对传达写信目标或者目的不必要的词语。

4. **信函尽量短。**一页纸三段即可。销售信函越短小，那么客户阅读及理解信函的可能性就越大。

5. **不要让潜在客户一读你的信就想吐。**信件要尽量容易理解，不要有太多修饰成分。把形容词及介词短语砍掉一半。删掉多余副词。看看每句话逗号以后的部分有无必要保留，多数情况下是没有必要。

6. **使用项目符号避免千篇一律。**

• 使信件在形式上看起来较为容易阅读。

• 使用项目符号突出重点。

7. **不要说"感谢您给予机会。"**不妨尝试说："我很自豪能为您提供帮助。"

8. **你的姓名无需加粗。**把对潜在客户而言重要的部分加粗，而你的姓名几乎是信函中最不重要的内容。

9. **不要让你的信函读起来人云亦云的感觉。**

10. **不要过度推销你的产品。**应将你的销售过程推进到下一个步骤，同时建立信心及私人关系。

11. **不要把销售信函做成推销演讲，而是要做成一件销售辅助工具。**

12. **做一些客户意料之外的事情。**随信附上一篇与客户业务有关的文章或者其他物品，让潜在客户觉得你在额外用心地与他们交流以及为他们提供服务。

13. 量身定制。你的信函与客户的业务及处境越相关，你的客户就越愿意同你做生意。

14. 敲定下次会面或接下来要进行的事项。订立具体的日期和时间。

15. 尽量手写。

16. 避免使用副词。

17. 永远不要说“再次感谢。”再次感谢都是多余的。一次已足够，两次就是你在卑躬屈膝了。

18. 以让人愉快、自信且专业的方式结束信函。“感谢您的时间与精力。我将于周二致电您。”

19. 不妨只签名字，不用签姓。

19.5. 十分真诚的（我言出必行），杰弗里 · 吉特默。

补充一下：如果你想重复你的请求或者陈述，不妨使用P.S.（补充一下）。

难点：把你的信函搁置一天，然后再次阅读它。读起来如何？如果回答是感觉做作或者力度不够，那么你可能需要重写一封。

更难点：请一个有智慧及客观的朋友对你的信函发表意见。学会接受批评，当作一次学习的机会。

最难点：不妨自问这封信与你的竞争对手的信将有何不同。如果签单将基于你的信函的原创性，那么你是否能签下订单呢？呃……

学习规则并将规则运用于实践之中将有助于你的信函更有效。有效的信函将有助于你与潜在客户建立私人联系以及赢得对方信任。而与潜在客户的私人联系及对方给予的信任将有助于你签下订单。

吉特默免费小礼品

想要接近真正的老板——你的客户的 51 个方法吗？登录网站www.gitomer.com，在GitBit框中输入“REAL BOSS”即可。首次访问用户需要注册。

NO Shortcuts in SALES

销售没有捷径，写信时也不要简写！

There're no shortcuts in sales. And there are no shortcuts in writing!

倾听是销售过程中最为重要的方面，但通常却是职业销售员最为缺乏的技能。

达成更多交易？——只要你用心倾听！

你接受过有关倾听技能的培训吗？

传统教育并不包含任何有关如何倾听的课程。学校里从来不教授这些对个人成功而言最为需要的技能，这让我深感意外。

倾听是销售过程中最为重要的方面，但通常却是职业销售员最为缺乏的技能。

你每天听广播、看电视以及光盘，第二天你甚至就能背诵整个章节或者一字不差地唱下整首歌。而如果你的伴侣或者孩子对你说话时，你却会说："什么？"或者"我刚才没听到你说什么。"

你是否会经常要求他人再说一遍？你是否会经常听到他人抱怨："我刚才说的你一个字也没听。"倾听技能差是有原因的，你要感谢我把这些原因记录了下来，否则你将会被迫反复倾听，你知道这样做的效果会有多差。

以下是有关倾听技能的基本课程：

第一课。倾听的两大障碍是：

1. 你通常在开始倾听前（对他人或者对他人将要说什么）就有了先入为主的看法。

2. 你通常在开始倾听前或者在听对方讲完前就已经做了决定。

第二课。必须按如下顺序遵循有关有效倾听的两大重要法则，否则你不会成为一名有效的倾听者。

1. 首先，抱着理解的目的去倾听。

2. 其次，抱着回应的目的去倾听。

第三课。反思一下你现在的倾听方式。

- 他人讲话时，你是否除了倾听以外还在做别的事情？
- 他人讲话时，你是否在想别的事情？
- 你是否在假装倾听，只是为了借机塞进你的评论？
- 你是否因为已经知道了答案，因此就等待对方停顿以便你加入自己的回应？

第四课。你会在某一点后就不再倾听。这发生在什么时候？

- 在你做出自己的回应后。
- 发言人让你觉得无聊透顶之后。
- 当你决定打断对方插话时。
- 当发言人说的话你都不想听时。

第四点五课。人们为何不愿倾听？

- 人们有时会害怕听到他人即将要说的话，因此就屏蔽掉了。不要害怕倾听。
- 有时你会把对方当作理所当然——伴侣、父母以及孩子。

• 有时你一心在想着别的事情。

• 有时你就是没礼貌。

• 有时对方就是让你觉得难受，所以你放弃倾听。

• 有时你在担心别的事情。

• 有时你认识讲话人，因此对他们有成见。

• 有时你对讲话人不够尊重，因此就自动放弃了倾听。

• 有时你认为你已经知道对方要说什么。

• 有时你认为自己无所不知……或者你一直是这样?

倾听课程指导方针。为了最大程度发挥你的倾听能力、提高你的效率、减少出错、让客户满意以及助你签订更多订单，你需要遵循以下 14.5 条指导方针。

1. 不要打断对方。(但是……但是……但是……)

2. 提出问题，然后保持(百分之一百)安静。集中注意力在对方的回答而非你自己的想法上。

3. 偏见将影响你理解听到的话，因此倾听时不要带着先入为主的成见。

4. 使用眼神接触以及简短话语回应(嗯，哦，明白了，这样啊)让对方明白你在听。

5. 在听对方讲述完全部情况前，不要轻易下结论。

6. 倾听时带着目的，并且注意细节及结论。

7. 积极倾听包括积极理解对方讲话的含义。安静地理解，同时记下笔记。

8. 注意倾听对方的未言之意。暗示的意思通常比明说的意思更重要。注意：讲话的语气通常能反应暗含的意思。

9. 抓住对方讲话停顿时的安静片刻进行思考。

10. 在开口讲话前先要消化理解一下对方讲的话（以及未言明的话）。

11. 不时提问以便确保你正确理解了对方的话语以及意图。

12. 不时提问以确保讲话人说完他或者她想说的全部内容。

13. 通过行动显示你在倾听。

14. 如果你在对方讲话时也在思考，那么不妨思考一下解决方案。不要试图掩盖问题。

14.5. 避免所有会分散你注意力的事物。关掉手机及传呼机。把门关上。整理好思绪。两人靠近站立或坐下。

成为一个好的倾听者有很多秘诀，而囊括这所有秘诀的一点就是：闭嘴！

一个自认为无所不知的人通常不会倾听他人讲话。

学会倾听的两字秘诀——闭嘴！

其实，你只需闭上嘴就可以学到很多。如果你保持安静，那么人们会认为你更有智慧。倾听比讲话能让你学到更多。

有效倾听能为你带来订单——很多订单。倾听是销售过程中最为重要的方面，但通常却是职业销售员最为缺乏的技能。

你的倾听能力如何？

不妨试着回答以下问题：很少——有时——或者总是。

很少 有时 总是 我会等讲话人说完整句话。

很少 有时 总是 在给出回复前，我会确认我正确理解了对方的意思。

很少 有时 总是 我倾听时注意倾听重要部分。

很少 有时 总是 我努力理解讲话人的感受。

很少 有时 总是 在开口前，我会先设想一下解决方案。

很少 有时 总是 在开口前，我会先在头脑中过一遍应如何回应。

很少 有时 总是 在倾听时，我可以自我控制，并且保持放松及冷静。

很少 有时 总是 我给出对方我在听的简短信号（嗯，好的，我明白了，哦）。

很少 有时 总是 他人讲话时我会记笔记。

很少 有时 总是 我倾听时保持开放的心态。

很少 有时 总是 即使对方很无趣，我也会注意倾听对方。

很少 有时 总是 即使对方是个混蛋，我也会注意倾听对方。

很少 有时 总是 倾听时，我会注视着对方。

很少 有时 总是 倾听时，我很有耐心。

很少 有时 总是 我会不时提问以确保我理解了对方的意思。

很少 有时 总是 倾听时，我不会分神。

以下列出了评价你是否是个有效倾听者的标准。你得到了几个总是？

14~16 个 你是个出色的倾听者。

11~13 个 你不错，但是有一些方面需要帮助。

7~10 个 你还可以。你可能自认为该知道的都知道了，不过技巧培训课程能大幅增加你的收入。

4~6 个 你是个糟糕的倾听者，根本都没在听对方说什么。

1~3 个 你的耳朵聋了，或者大脑瘫痪了，或者你需要助听器。

将上述测试中暴露的你的倾听弱点转化为你在倾听上需要努力的目标，从而把“我将会”改成“我会”或者“我将是”改成“我是”。

例如：如果对于“我会等讲话人说完整句话。”你的回答是“有时”，那么你就可以将这一点设为需要努力的目标。在便签贴上写下“在未来 30 天内，我将会等讲话人说完整句话”，并把便签贴贴在换洗间的镜子上。

嘘……要实现有效倾听，需要你定期进行一些技能提高的练习。以下列出了 17.5 条练习方案：

1. 倾听时直视讲话人。

2. 集中注意力关注对方的用词及意图。

3. 减少分神机会（甚至可以更换谈话场所，以方便倾听）。

4. 将对方描述给你的场景在头脑中演练一遍。

5. 在回答前，不妨先在头脑中演练一遍回应及解决方案。

6. 倾听时保持开放心态，不要有先入为主的成见。

7. 注意倾听内容——无需过多关注对方的表达方式。

8. 不时给予简短回应以便让对方明白你在听，例如：哇、天啊、然后呢、真的吗、太恐怖了、太棒了、太可惜了、我不知道这个以及我明白了。

9. 倾听他人讲话时，不妨不时记下笔记。当你感觉有话要说时，记下一两个提示字词，而不要去打断对方的思路，这样你既可以记录下你的想法，也可让对方对你印象深刻，还能保持礼貌，同时也能继续倾听而非打断对方。

10. 在给出反馈前，（有时）需要对情况进行核实。

11. 在给出反馈或者回应前，不妨通过提问确认情况。

12. 下次当你自认为已有答案时，也不要打断对方。

13. 练习一小时不说话。

14. 下次当你跟一群人吃饭时，不妨试着前半个小时不要讲话。

15. 通过提问可以请对方澄清一些内容。

16. 通过提问可以显示你的兴趣及关切。

17. 通过提问获得更多信息或者学习更多东西。

17.5. 不妨自问："你是否愿意他人按照你倾听别人的方式倾听你呢？"

警惕糟糕的倾听者：一个自认为无所不知的人是不会倾听的。一个总是打断他人的人也是不会倾听的（或者至少不是一个好的倾听者）。

倾听有多难？对于一些人而言，这是不可能完成的任务。

对我而言，倾听是最难讲授的课程。首先，我自己通常也是个糟糕的倾听者。基本上我没签成的每笔订单都可以归咎于糟糕的倾听技巧或者提问技巧。其次，我无法用一两章的课程改变需要 20 年才能培养的能力。

自测倾听自制力：尝试保持沉默一小时。在多人聚会时，尝试不要讲话。尝试在派对上不要讲话。

倾听先是以理解为目的，而后是以回应为目的。

不存在所谓客户类型的说法，正确的说法是客户特点。每个客户都是独特的。

客户类型有千亿种——逐一了解

销售并不是要你定义所面临的客户的类型。客户类型有数千亿种。看见过“四种客户类型”的说法吗？主动型、亲切型、白痴型以及大白痴型。其实，真正的大白痴是那些自认为只有四种类型客户的人——他们认为可以通过对客户分门别类促使客户签下定单。都是无稽之谈。

我将给你三个字，有了它们你就能在五分钟内识别世界上所有客户的类型：

1. **看**（办公室）

2. **问**（对的问题）

3. **听**（以理解为目的）

吉特默识别千亿种客户类型的方法现在已经浓缩成了三个字，而这些方法也可以用于确认客户的特点。哦，为了使这种方法每次都能奏效，你还需要另一个条件——

练习！

销售既包括知识，也包括经验。知识包括产品知识、销售技巧以及态度。而经验则可教会你如何运用你学到的这些知识。销售是门科学，还记得吗？试验和错误。当然，销售也包括一些最好永远都不要打破的绝对规则：不要与客户争论以及不要说谎等。然而，大多时候都是灰色地带。你需要施加多少压力？有人会说最好一点儿压力都没有，而有人则会写一本书，讲述强势推销——大棒推销。其实，到底施加多少压力合适，最终决定权在你自己手里。

不存在所谓客户类型的说法，正确的说法是客户特点。正是由一个个特点构成了客户的不同性格。不要对客户进行分类，而是试图去理解他们。

与客户的性格特点相比，我对客户的购买理念更有兴趣。然而，我只有在认识（并且理解）了他们的性格特点后，才能了解他们的购买理念。如果你确定了客户的“类型”，但是却说了一些与他们的购买理念相悖的话，那么你就死定了。

客户因何购买？

- 为了解决问题。
- 他们需要它。
- 他们认为需要它。
- 为了获得竞争优势。
- 为了省钱或提高生产效率。
- 为了避免错误或节省人工成本。
- 为了自我感觉良好。

- 为了炫耀。
- 为了改变心情。
- 为了巩固一段关系。
- 禁不住销售员游说。
- 听起来太好了，无法拒绝。
- 性价比高（或者自认为性价比高）。

哪些特点适合你现在面对的客户？

- 只看不买。
- 说谎者。
- 需要晓之以理。
- 犹豫不决。
- 不友好。
- 冲动型购买者。
- 自认为无所不知的人。
- 纽约人。
- 忠实。
- 无法确定身份的客户。
- 不停说话的客户。
- 不直说拒绝理由。
- 拖延者。
- 友好——但不愿购买。
- 不礼貌。
- 小而关键的客户。
- 只看价钱的客户。
- 夸夸其谈者。
- 好辩者。
- 沉默者。
- 情绪化。
- 需要“再考虑考虑”的客户。
- 无礼。
- 小气。
- 谦逊体贴。
- 刚愎自用。

这些特点需要一一确认，不过你的客户通常同时具有以上多个特点或者其他特点。

例如：谦逊体贴、只看不买、只看价钱、需要“再考虑考虑”……这样的一个潜在客户会让一名纽约的销售员直接想搬回北方。或者，纽约人、自认为无所不知、不友好、说谎……这样的一个潜在客户会让一名南部的销售员直接就想把产品租借给他。

以下列出的这些指导原则适用于所有类型的客户：

1. 永远不要与客户争论。
2. 永远不要冒犯客户。
3. 永远不要以失败者的方式思考或行动。
4. 不惜一切代价，尝试与客户成为朋友。
5. 努力与客户站在同一边（有共鸣）。
6. 永远不要说谎。

这里有一条主线将所有情况联系起来。只需一个词语就可以征服所有类型的客户：共鸣。如果你仔细倾听客户并且观察他们的行动，那么就会发现他们已经明确告诉你如何反应。他们会告诉你，说什么或者不说什么。他们将带领你找到订单。你的任务就是确定潜在客户的特点，同时把特点与潜在客户的购买原因结合起来，这样你就能动员潜在客户采取行动，并给予他们足够的信心去购买，很简单。

“客户类型”有数千亿种。想把他们都变成你的客户吗？你只需要5个词：看、问、听、共鸣以及练习。

吉特默免费小礼品

当有人与你讲话时，或者向你汇报项目进展时，或者请你做某事时，或者给你分派任务时，或者与你有业务往来时，或者只需你帮一个小忙时，你知道避免沟通失误及消除误解的方法吗？登录网站www.gitomer.com，在GitBit框中输入“ERRO FREE COMMUNICATION”即可。首次访问用户需要注册。

"There are billions of 'customer types.' Want to sell them all? You can do it in five words:

Look. Question. Listen. Harmonize. Practice."

– Jeffrey Gitomer

"'客户类型'有数千亿种。想把他们都变成你的客户吗？你只需要 5 个词：看、问、听、共鸣以及练习。"

——杰弗里·吉特默

第八部分
传播福音

The Book of Exhibitions

8.2 展会记

在行业会展上取得成功的 35.5 条法则

Showing Off

展示

Exhibitions…

Remember
"Show and Tell"?
This is the adult version
of the game.

It's called "Show and Sell."

Where else can you be face-to-face with thousands of prospects over the course of a few days?

Everyone is there
to do business.

Fish in a barrel.
Thousands of them.

All you need is a hook.

I'll supply the bait…

展会……
还记得“表演与猜谜”这个游戏吗?
展会就是这个游戏的成人版。
游戏的名字叫作“表演与销售”。
还有什么其他机会能让你在几天内
面对面接触数千名潜在客户吗?
每个参会的人都是为了做生意。
数以千计的潜在客户。
唾手可得。
你需要做的就是激发他们的兴趣,
而我则为你提供诱饵……
这是行业年会……

行业内的相关人员都聚集在此。

再没有其他地方能让你一次性同时接触如此之多的客户及潜在客户。

你没有时间可以浪费。

在行业会展上取得成功的 35.5 条法则

在行业年会、博览会或者展览会上，成百上千的客户、潜在客户、供应商以及竞争对手都会在两天内齐聚一堂。再没有其他地方能让你一次性同时接触如此之多的同行。这是一个机会——销售、发展潜在客户以及经营人际关系。你应如何抓住这个机会？

关键在于时间——妥善利用时间。如果 7，500 人同时参加一个两天的集会，共计 20 小时，那么这对你而言意味着什么？你应如何应对？你应如何利用这次集会尽可能盈利？

有些人参加年会是为了远离办公室、出城游玩或者享受休闲生活。如果你想取得成功，那么就请远离这些人。

以下列出的35.5个解决方案将有助于你为参加下次年会做好规划，以便从中获得最多机会。这些成功法则与经验将帮助你应对展会，领会其中的魅力与力量：

1. 不妨思考一下。在展会以外的其他场合，你打7，500个推销电话需要多久？如果每天打20个——这已经很多了（主叫电话），那么这将需要375天（大概是一年半的工作日）。天哪。如果你找电话预约员每天打125个，那么你将需要60天。天哪。

2. 要想抓住年会这个每年一次、性价比最高的机会，那么你需要做好准备工作。很多准备工作。如果你想获胜，那么你必须为获胜做好准备。准备好你的展品、物品，召集员工。准备好你的推销演讲以及其他相关信息。准备好产品演示材料，并进行反复演练。准备好有效提问与有效陈述。你的开场白以及产品演示必须力求完美。

3. 离开办公室前制订行动方案。制订具体的目标，明确你想拿下的潜在客户人数、你想拜访的客户人数、你想签下的订单数以及你准备如何完成这些目标。

4. 住在最好或者最大的酒店里。保持在核心事件的中心位置。这可能会让你多花一些钱，但是物有所值。

5. 提前一天到会。你可以因此保持放松心情，同时也能及时掌握相关重要信息。许多展会的参展商以及与会人员都会与你搭乘同一班飞机。试着与他们取得联系。

6. 在布展阶段，即介入展会。如果你不是参展商，那么也要设法进入会场。找到卡车入口处，或者告诉看门人你有重要的零件或者文件要送……不管使用何种理由，设法进入会场。尽早进入会场能让你拥有战略优势，而且或许还有助于你获得一些有价值的人脉资源。许多公司的首席执行官们都喜欢亲自到场监督布展，因此你可以在轻松愉快的氛围内获得对方的联系方式，而无需感觉很匆忙。

7. 事先明确行业内你想结识的五个大人物。在展会上设法接触到他们，与他们攀谈。

8. 事先明确想联系的十位客户。与他们取得联系，发展业务关系。邀请他们一起晚餐，巩固你作为供应商的地位。

9. 事先明确想联系的十位潜在客户。与他们取得联系，发展私人关系，为以后可能签单做好准备。

10. 掌握会后的派对及其他一切交际活动。选择性参加你的潜在客户最可能参加的那些活动。

11. 每天第一个到会，最后一个离会。对我而言，这是最有效的一个策略。这个策略使我有机会可以更好地接触那些晚来早走的与会人员。在会场中多待一两个小时就意味着可以多见到 100 个人。

12. 团队精神以及分担责任。如果你的公司派出了多人与会，那么不妨大家分散开来，分担责任。

13. 参加研讨会以及讲座，以便与你的客户及潜在客户进行交际。在研讨会上，如果你能坐在对的人身边，那么这将非常有益。如果你遇到了一位潜在客户或者客户，那么不妨询问他们计划参加哪些研讨会，然后抽出时间与会。

14. 做个演讲。做演讲或者召开研讨会将有助于你树立专业威望，同时将你或者你的公司置于业界领先者的位置上。选择一个你的客户或者潜在客户会参加的话题。

15. 保持专注，在最不可能的地方寻找机会。酒店大堂、电梯、卫生间以及餐厅——都要随时抓住机会。你都有可能与决策者或者对决策者有影响力的人进行面对面交流。

16. 随时随地进行推销，没有什么地方不可以。走廊、其他展商的展位、洗手间、食品摊位——你都有可能遇见你想见的人。注意对方的胸牌。与对方攀谈，四处查看（前提是不要让人觉得没礼貌）。你永远无法事先知道你何时会遇见一位大客户（或者如果你注意力不集中，你很有可能与大客户失之交臂）。

17. 如果你想跟每个人都打招呼，那么动作要快。平均下来，你与每个人打照面的时间只有7.5秒钟，因此你最好能快速确认对方身份。然而（请尤其注意这个例外），当一个人看起来似乎是很有前途的潜在客户时，不妨多花一些时间与他或者她建立联系，以方便后续跟进。不要浪费时间在无意义的事情上，每秒钟都很重要。在两天的时间里，你有5，000个人要见——你明白我的意思。

18. 不要对任何人有先入为主的成见。有些公司老板为了避免被人打扰，可能会穿着普通人的衣服或者佩戴他人的胸牌与会。

19. 快速阅读对方胸牌。展位里、走廊上以及吃饭时都要时刻注意你的目标胸牌（你选定的潜在客户、你从未见过的客户、有可能进行合作的企业）。

20. 尽量简洁。你讲的话（提问除外）应该尽可能保持在60秒内。

21. 切中主题。按照潜在客户的需求，准确告诉潜在客户你的业务范围。

22. 享受整个过程并且保持幽默。激情与幽默能感染他人。人们都愿意同赢家而非抱怨者做生意。

23. 握手需有力。握手时的力度反应了你的态度。没人愿意与一条死鱼握手。

24. 尽量控制与同事及朋友交谈的冲动。这意味着浪费时间，对你们两人都无益。

25. 确认买家需求。如果你不知道对方的需求，那么不论何时何地你都无法对任何人实现成功销售。

26. 先要通过试探及调查获得所需信息。不要一开始就说太多话。提出有效问题并且跟进问题，以便获取信息、建立兴趣、确认需求以及以有意义的方式传达你的信息。当时机来临时，不妨抛出你的最佳提问，同时以最简洁的方式传达你准备的信息。在介绍你解决问题的能力前，首先要确保你已对对方足够了解，你给出的信息要具有冲击力。知道什么时候说什么话。

27. 向客户展示（或告知客户）你如何解决问题。客户很容易对你的业务范围介绍失去兴趣，除非你介绍的方式对他们有帮助或者他们认为你拥有他们需要的东西。

28. 确认兴趣水平。如果他们需要你的产品或服务，那么他们有多想买呢？不妨在他们的名片上标注他们的兴趣水平。

29. 与潜在客户敲定下一步的行动。未与优质潜在客户就下步行动达成一致前，不要让他或者她溜走。

30. 直接在名片背面记下重要信息。如果你与很多人取得了联系，那么你很难记住全部重要信息。在你说话时或者他们离开后，你不妨立刻在他们名片的背面记下重要相关信息。如果你交换了 250 张名片，并且没有一张名片背面有标注信息以便你在会后继续跟进，那么你的效率就会降低 50%或者更多。（潜在客户的名片就是销售工具。）你甚至可以同时在你的名片及她的名片背面写下你想约见会面的时间，然后会后与她进行确认。需确保记下部分个人（交际）信息——高尔夫、孩子、运动、剧院等，以便你在后面跟进时参考使用。

31. 设法让对方对你铭记在心。说一些话、送出一些礼品或者做一些事情使你（以一种正面及有创意的方式）留在潜在客户的脑海中。

32. 时间到了。在你传达了信息、建立了联系以及敲定了下次会面或者行动的时间后，那么不妨立即转向下一个目标。

33. 分发令人印象深刻的赠品或者广告小礼品。赠品或小礼品需有助于你与客户及潜在客户建立长期友好关系，同时也需便于你在会后跟进时谈起。

34. 夜间重新规划，为第二天做好准备。在行业年会上，一切都会发生得很快。你遇见新的朋友、拿到签约邀约以及有可能见到行业内有影响力的大人物。为了最大化利用一切有利资源，唯一的方式就是开始时做好书面的行动计划，同时随着大会的进行及时调整计划。

35. 时刻保持清醒。这是一个明显的优势。如果你酒醉出丑，那么你可能会因此遭受无法弥补的损失。参加派对，但是要聪明地参加派对。

35.5. 玩儿得愉快。不要对客户施加压力或者太过勉强自己，大家都能感觉到。展会就像生活：你的态度越好，你就越容易成功。

尽可能扩大你的联系人及业务线索数据库。会后不妨向大会组织方要一份与会人员的名单。这份名单将对你的数据库很有帮助，有助于你进一步跟进或者与那些你可能错过的人取得联系。

“Conventions,
trade shows,
and business fairs
are the best contact
opportunity
and the most fun
a salesperson
can have–
with the right
preparation, focus,
and effort.”

– Jeffrey Gitomer

“行业年会、展会以及博览会是销售员发展人脉资源的最好机会，
同时也能给予销售员最大的乐趣——
前提是需要事前做好充分的准备、保持专注以及不懈努力。”

——杰弗里 · 吉特默

第九部分
构建人际关系网，走向成功

The Book of Networking

9.1 人脉记

人际交往——建立成功人脉的挑战

人际交往 101：如何吸引一屋人？

人际交往 102：如何笼络一屋人？

与一屋人发展长期关系

人际交往游戏现实版

We've got to start meeting like this.

我们的会面应该这样开始。

Networking...

Your mother said, "Don't talk to strangers."

I've got nothing against motherhood, but if you want to succeed at networking, you'd better start talking to strangers.

How do you place a value on a solid, well-established business connection, a friend who is in a position to help you and your business?

These connections make careers.

You can never have too many friends.

So, how do you capture this opportunity? You network.

Just say, "Hello."

人际交往……

你的母亲曾经说过："不要跟陌生人讲话。"

我并不反对母爱，但是如果你想在人际交往上取得成功，那么你最好开始与陌生人讲话。

稳固及经营良好的业务关系、对你或者你的公司有帮助的朋友……这些资源是无价的。

就是这些人际关系打通了你的职业发展道路。

朋友永远不嫌多。

那么，你应如何抓住这些机会呢？人际交往，

只需说一声："你好。"

"智慧之人知一切事，练达之人知一切人。"
——幸运饼干上的中国谚语

人际交往——建立成功人脉的挑战

制订人际交往计划。今天就制订。

每周花几个小时在人际交往上?

为了取得效果，每周至少需花五个（非工作）小时。

在人际交往的这几个小时里，你有多少时间实在高效工作?

衡量的方法很简单——你应该每周获得20名新人的联系方式。

这是你的事业。这是你的机会。你能充分利用人际交往的力量吗？如果现在不行动，那么要等到什么时候？不管怎么样，你现在都在工作。人际交往有可能还会让你的生活更有趣。

- 人际交往是让那些有助于你事业发展的人认识你。
- 人际交往是在为你签单以及事业成功积蓄力量。
- 人际交往是与你的业务伙伴聚会，把他们转变成你的客户以及朋友。

- 人际交往是发展及维护长期关系。
- 人际交往是建设人脉资源银行——你在世的每一天，都能从银行获得逐年递增的利息及红利。

秘密：只有在树立积极的态度后，你的人际交往才能奏效。

你的目标就是把有效的人际交往技能与五年人际交往及社区参与规划结合起来，以帮助你达成如下目标：

- 与更多人建立业务联系。
- 更多订单。
- 对业务更了解。
- 参与更多社区活动。

人际交往高手的信条：我知道如果我参与其中、高效利用时间、定期出席活动、积极进行适当的人际交往，那么我取得的成果将超过加入任何组织的预期。

为了在人际交往中取得成功，你首先需制订计划。以下问卷将有助于你制订具体的行动计划——不妨一试。

- 我现在在何处进行人际交往？
- 我应该在何处进行人际交往？

- 我的最优客户们在哪里进行人际交往?
- 我最需要了解及参与哪三个组织?
- 我每周应花几个小时进行人际交往?
- 我最想见的五个人是谁?
- 我第一年人际交往的目标是什么?
- 我具备所需的人际交往技能吗?
- 我有人际交往的必备工具吗?
- 有谁擅长人际交往?我能致电寻求帮助吗?

逐一回答上述问题将有助于引导你形成完美的人际交往行动计划。计划中唯一缺少的元素就是你的全力以赴,而这个元素只能来自于你。

如果你与朋友或者同事一起参加公司交际活动，那么分头行动！坐在一起、走在一起以及一起聊天都是浪费时间。

人际交往 101：如何吸引一屋人？

人际交往成功的基本法则

人际交往已经成为一个至关重要的商务工具。

人际交往投入少（通常免费），效果明显/性价比高（通常在一两个小时里，你就要到 20~30 个人的联系方式），另外还有些联谊的性质（在非正式的环境中更容易谈生意——而且还很有趣）。

如果你质疑人际交往的意义，那么不妨进行如下比较。如果房间里有 100 个人，而你有两个小时与他们进行交际，那么你至少能与其中一半的人搭上话，而且很有可能要到 30 个人的联系方式。在其他任何场合，你拨打 50 个销售电话需要多长时间呢？可能需要一周。

很多销售人员都会参加人际交往活动，但是只有很少人知道如何进行有效的人际交往。以下列出了人际交往的 13.5 条基本法则（工具），将有助于你提高人际交往的效率及效果。

1. 与会前做好计划。确定与会人员有哪些、你需要携带什么、你的目标是什么以及公司是否还有其他人参加。

2. 提早与会。装着职业，带够名片，准备好随时行动。

3. 至少绕场两周。熟悉与会人员与场馆。

4. 确定目标潜在客户。事先思考一下你想同哪些人见面。

5. 准备好 30 秒的个人宣传广告。

6. 个人宣传广告应控制在 30 秒以内。

7. 保持愉快、充满激情以及态度积极。不要抱怨或者自怨自艾今天你过得很痛苦。人们都愿意与赢家而非抱怨者做生意。

8. 重复对方的名字至少两遍。第一遍是为了你帮助记住对方的名字，第二遍则是因为人们最喜欢听到自己的名字。

9. 如果对方并非有潜质的潜在客户，那么不要浪费时间。转身离开时要注意礼貌。

10. 提早吃饭。边吃饭边交际很难。抵达会场后先要填饱肚子，这样你就可以自由地与他人握手及交谈，进行更有效的交往，而不用担心会喷出食物。

11. 不要饮酒。即使其他人都有些微醺，你保持清醒也能享有一个明显的优势。（可以在会后喝点啤酒以庆祝你新认识了这么多人。）

12. 不要吸烟或者闻起来一身烟味。

13. 不要提早离场。你待的时间越长，就能与越多的人取得联系。

13.5. 重要提示：享受其中，保持幽默。这并非脑瘤手术，结识他人并建立宝贵的人际联系是一件令人愉悦的事情。**人们喜欢与愉快的人交往**。

如果你说："我参加了很多人际交往活动，但并没有遇到很多潜在客户。"这意味着你并未遵循人际交往成功的基本法则，或者你并未在优质潜在客户容易出现的场合进行人际交往。

去哪里：人际交往活动的选择与人际交往本身同样重要。不妨询问五位最优客户他们每月去哪里聚会，然后参加同样的聚会。

地方财经日报以及普通日报的财经版每周都会列出一些商务交际活动。各商会也会发布月度活动日历。不要忽视社会及文化活动的影响力。选择参加那些会吸引你的潜在客户或者你想结识的人与会的活动。

为了最大化参加人际交往活动的效果，请把75%的时间都花在陌生人身上。

人际交往 102：如何笼络一屋人？

人际交往成功的秘诀

“我希望交际时我能要到更多人的联系方式。”如果你曾多次如此自言自语，并且愿意认真学习人际交往这门科学，那么下列解决方案和策略将有助于你成功与优质潜在客户取得联系。

如果你不能遵循人际交往的基本法则（见前一章），那么也无需尝试这些进阶版的秘诀——它们不会奏效。

以下是人际交往取得成功的10.5条秘诀：

1. **如有可能，活动开始时或者结束时站到门口。**这样做有助于你在开始时见到所有人，明确目标，而结束时你也能抓住可能错过的任何人。

2. **把75%的时间花在你不认识的人身上。**与同事和朋友交际也很有意思，但是这无法让你要到潜在客户的名片或者建立任何有价值的联系。

3. 把25%的时间花在发展现有关系上。与你的现有客户交谈。你越了解他们，他们就越能忠实于你以及你的公司。

4. 不要太早给出你自己的信息。在5~10秒钟的自我介绍后，不妨先询问对方具体做什么，然后详细给出你自己的业务范围。

5. 在潜在客户自我介绍后，接下来你有两个选择：要么与其建立私人联系（找到共同兴趣），要么利用这个机会激发他或者她对你的产品/服务的兴趣。潜在客户的自我介绍将指引你做出选择。

6. 如果对方看起来似乎是个优质潜在客户，而且你也想找到与其谈生意的捷径，那么你必须发现你们在业务之外的共同之处。找到一个你们双方都喜欢或者了解的东西。

7. 现在就尝试与潜在客户约定会面。如果你想要潜在客户的名片，那么不妨先给对方你的名片，或者找一个你需要对方名片的理由（“把你的名片给我，我会给你邮寄一些资料”）。如果潜在客户不愿给你名片，这就意味着你稍后可能很难与其约定会面。

8. 在潜在客户名片的背面，立刻记下与之相关的所有信息。在进一步跟进中，你需要参考这些信息。

9. 不要推销你的产品/服务。只需建立一些私人联系，让对方对你有信心，以便赢得一个会面。

10. 要有时间观念。你与对方取得了初步联系，要到了对方的名片，建立了私人联系，并且确认了下步行动（邮件、电话、约会），那么不妨立刻转向下一个潜在客户。

10.5. 与同事友好竞争。如果你与同事一起参会，那么不妨比一比谁能要到更多的（有效）名片。输赢的彩头越高，你们在一起的时间就会越少。

现在你已经知道了人际交往的基本法则，那么接下来就是如何在实践中使用这些法则获益。人际交往是一件有效且性价比高的营销工具。如果妥善使用，那么它将为你的业务成长提供坚实的基础。我就从人际交往中获益良多。

为了便于你执行人际交往计划，你还需要另外一些指导原则。以下列出了我在人际交往方面取得成功的 9.5 条私享秘诀。

1. 我遵循 50 人法则。如果房间里聚集了 50 多个人，那么我也会进入这个房间。

2. 学会利用闲聊传达重要信息。简单明了，直奔主题。如果对方询问你的业务范围，那么需快速简洁地予以说明。

3. 不要为了说话而说话。当你开口讲话时，确保每句话都有意义。

4. 了解你能解决哪些问题，而非一些关于产品或服务的无聊事实。交谈时需着眼于你如何解决问题，而非你能提供怎样的产品或服务。

5. 不惜一切代价，避免负面评价他人。不要埋怨或者批评其他人或者其他公司。你永远无法知道与你交谈的客户与你批评的人、公司或者产品有着怎样的联系或者兴趣。

6. 礼貌。说与不说“请”和“谢谢”都能给对方留下深刻印象。

7. 不要在一个人身上花费太多时间，否则就失去了人际交往的意义。如果你发现一个优质联系人或者线索，那么不妨稍微多花一点儿时间，但要知道适可而止。需机智灵活与对方约定会面，激发对方兴趣，而后转向下一个目标。

8. **你的目标是要照顾到全场的人。**如果你在每位潜在客户身上花三分钟，那么你就能在一小时内接触20位潜在客户。每秒钟都很宝贵。活动的规模决定了你应在每个人身上花费的时间。活动规模越大，你在每位客户身上花费的时间就应越少，而你与相熟之人待在一起的时间也应更少。

9. **参与活动组织方的工作。**人们对领导者的认同感更强，更愿意同他们做生意。

9.5. **牢记：在人际交往场合，**每个人都想成为卖家。为了成为一名成功的卖家，你可能需要不时扮演买家的角色。你必须能够在两种角色间自由转换。学习人际交往技巧有助于你做到这一点，完全掌握场上局势。

With People You don't know

把75%的时间花在你不认识的人身上。

Spend 75% of your time with people you don't know.

如果你能在人际交往中建立私人联系，那么在你跟进潜在客户试图与其约定会面时，你将拥有一个完美的开场白。

与一屋人发展长期关系

韦氏词典对于关系的定义包含了以下几个词语：联系、关联、一致、和谐以及同意。

关系是销售过程中微妙但至关重要的一环。

在人际交往场合与潜在客户建立关系，将有助于你在后续跟进中与其成功约定会面（以及签单）。

以下指导方针将有助于你在人际交往场合上（以及后续）的努力取得最大效果。

当你认识对方时。如果你有商业议程，那么需要在两分钟内就与对方展开讨论。如果对方是你的客户，那么不妨多花几分钟建立共同兴趣以便进一步密切个人联系。如果他或者她在与你不认识的人交谈，那么不妨请他或者她介绍认识，确定双方是否有合作的可能。如果你对对方有所承诺，那么需立即再向对方要一张名片，然后在名片背面记下你的承诺。不论进展如何，五分钟后你都需转投下一个目标。

当你不认识对方时。在给出 30 秒的个人广告前，你首先需要收集信息。而后你无需进行赘述或者进一步推销。一切需等到对方讲述完自己的故事以及你发现双方的共同兴趣后再进行。就对方如何使用你的产品或服务提出一个开放性的问题，以便于潜在客户展开交流，促使他们打开心门，讲述自己的故事。一旦你发现他们吐露了一件私事，那么抓住这个机会进一步推进销售过程。

当与潜在客户进行交流时，你需努力确认他的个人兴趣。在遵循惯例彼此交换完业务信息后，不妨努力找出潜在客户下班后做什么或者他本周末打算做什么。如果有彼此感兴趣的活动近在眼前或者刚刚结束（球赛、赛车、音乐会、喜剧或者饭局应酬），那么你也不妨聊聊这些活动。

当你对对方有所了解后，你就可以开始“让我们会后聚聚，以便继续当前的讨论”这个部分，从而敲定最为重要的这个会面。

在夏洛特进行人际交往的这些年里（在这之前，我每年有 250 天都在路上推销），我每个月都花 60 个小时在与他人碰面以及建立联系上，这些努力成就了不少订单。我参与的活动与组织并不局限于企业行会以及潜在客户团体，同时也包括四家社区及市民组织。

我定期参加社团活动，努力让社团变得更好，一直尝试领导者角色，同时也努力建立及维系各种关系。

在夏洛特的前十年，我都一直在致力于构建自己的人际网络。我的经验可以总结为一句话：人际网络很有效！

你在哪里进行人际交往？你如何进行人际交往？你是只参加饭局呢，还是积极参与社团的管理？

你是个单纯的索取者吗？你愿意努力参与社团工作，致力于帮助社团成功吗？

以下列出了参与人际交往组织的14.5条指导方针，将有助于你通过人际交往积累丰富的人脉资源。

1. **追随潜在客户。**选择参加那些最有可能出效果的社团组织。如果你的现有客户中有一人或多人都参加这个社团组织，那么这就是一个你可以参加的社团组织。

2. **当你加入一个社团组织时，不要干等着大家欢迎你。**欢迎仪式里并没有任何助你成功的公式，你需要创造自己的成功之路。想找到有助于你人际交往取得成功的最佳资源吗？不妨等下次有机会时照照镜子。（很帅，不是吗？）

3. **为了从人际交往中有所收获，你必须投身参与其中。**积极参与吧。

4. **建立信任及获得对方理解需要时间。**在最初几次聚会中，你只需安静地倾听和观察。如果你一开始就很积极，那么很容易让他人警觉。不妨先找到融入这个社团组织的最佳切入点及最佳方式。你只需结识及帮助有价值的朋友，其他的事情自会水到渠成。

5. 当你投身社团活动时，那么坚持定期参与，并且发挥作用。定期参与社团活动会让大家觉得你是一个稳定并可以信赖的人。

6. 需制订五年行动方案。不妨自问：

我的潜在客户/客户都参加了哪些社团组织？

- 我想与谁发展关系？
- 我的预期结果是什么？
- 我必须投入多少时间？
- 社团组织里我必须与其取得联系的最重要的那个人是谁？
- 我公司里还有哪些人需要参加？

7. 欲取先予。不仅是商务往来，这一点对于维系任何关系而言都至关重要。金克拉经典名言“如果你能帮助足够多的人得到他们心中想要之物，那么你也能得到自己心中想要之物。”道出了“欲取先予”的精髓。

8. 不要斤斤计较。如果你不停算计谁欠了谁什么，那么你永远不会成功。你只需结识及帮助优质的朋友，其他的事情自会水到渠成。（你明白了吗？）

9. 不要勉强对方。如果你是真诚地想发展长期关系，那么不要给对方施加太多压力要求其立即签单。我并不是说有机会时不要做生意，只是说生意不要做得太勉强。

10. 与会时做好万全准备。带上建立联系所需的必要工具（有形和无形）。只有当你掌握基本交际能力时（推出你的个人广告），你的名片才有价值。

11. 与潜在客户在集体社交场合结识后，需安排一对一约会。如果能省掉天气及政治等话题直奔核心问题，一小时的时间已足够你很好地了解一个人。

12. 在人际交往中，并不是每个联系都能带来订单。联系通常能为最终签单奠定基础。你只需结识及帮助有价值的朋友，其他的事情自会水到渠成。

13. 树立领导者的形象（及声誉）。在人际交往中，你将受到潜在客户的观察与品评。你需树立一个执行者、实干家及领导者的形象。

14. 一旦潜在客户逐渐了解你并感受到你的执行力，那么他们自然就愿意与你做生意。你的客户和潜在客户就在这里！你需要做的就是找出他们，与他们肩并肩一起工作（建立人际网络）。

14.5. 成熟的关系带来订单。如果你与对方建立了稳固的关系，那么他将不遗余力地为你介绍生意。而那条反复出现、放之四海皆准的人际交往法则在这里也适用：你只需结识及帮助有价值的朋友，其他的事情自会水到渠成。

在人际交往中，并不是每个联系都能带来订单。
Every networking contact need not be a sale.

衡量人际交往能力提高的便捷方式。

人际交往游戏现实版

当你观看体育赛事、音乐会，或者逛商场、跳骚市场，或者在餐厅吃饭，甚至是四处旅游时，不妨尝试玩一玩现实版的人际交往游戏。

游戏的目标就是要比你的同伴结识更多的人。

以下是游戏规则。

如果你认识一个人，**那么得一分**。

如果对方首先看到你（并与你打招呼），**那么得两分**。

如果你看到一个小明星（体育明星、主持人），**那么得三分**。

如果你成功亲吻一名异性，**那么得五分**。

如果一个名人先同你打招呼，**那么得五分**。

最好约定游戏开始和结束的时间。例如，在看篮球赛时，游戏可以从半场休息你踏入球场的那一刻开始。你缓步绕场一周，然后回到座位上，游戏就此结束。

在现实版人际交往游戏中，我最喜欢听到的一句话就是：“嗨，吉特默！”

“Your ability to build
a successful network is
tied to your determination
and dedication to take
whatever time is
necessary
to build quality
relationships.
And you're lucky–
the outcome
of your success is totally
self-determined.”

– Jeffrey Gitomer

“你构建成功人际交往网络的能力取决于你的决心和投入——
你是否愿意不惜一切代价、花费必要的时间构建优质的人际关系。
你是幸运的——成功与否完全掌握在自己手里。”

——杰弗里 · 吉特默

第十部分
先知与利润

The Book of Trends

10.1 趋势记

新一代销售人员——非典型销售员

跟鲍勃 · 萨利文有什么关系？有很大关系

What's New?

有什么新花样？

Trends...

Read about people
who are taking
the personal responsibility
for going the extra mile
for their customers,
for their company,
and for themselves.

Take what you learn, and
start a trend of your own.

Here's how...

趋势……
为了客户，为了公司，同时也是为了自己，有些人愿意付出额外的努力。不妨多了解一下他们的做法。
将所学应用于实践，开创你自己的新趋势。
下面章节将讲述具体操作。

新一代销售员依赖事实及产品知识，以销售技巧为辅。

新一代销售人员——非典型销售员

杰夫 · 查德威克（Jeff Chadwick）是一名新一代销售员——或者我应该称其为非典型销售员。查德威克已经为夏洛特领先印刷商经典制图工作多年。他曾在生产部门工作，并且拿到了他的职位所能支付的最高薪水。查德威克走遍了经典制图旗下的所有门店。他热爱这份工作。顾客们都说：“这是你能找到的最好的销售员。”有一天，查德威克卖出了一台剩余的复印机。他的老板比尔 · 加德纳（Bill Gardner）对他说，他应该来做销售。于是，查德威克决定投身销售之中，赚取佣金。

“如果你问我替代性签单问题或者角度刀钻的签单问题是什么，我一点儿也回答不出来，”查德威克说，“但是，如果你问我怎么能对这张纸进行双面打印，我肯定能回答——这也正是客户想知道的内容。我喜欢销售。工作很多，节奏很快——需要复印机的人没有一个会说：‘不着急，慢慢来。’每个人都是昨天就需要。”

我曾请查德威克定义一下他的销售特点及优点。“激情。坚持。骄傲。自豪。我家里的墙上贴着经典制图的宣传画。我喜欢跟同行在一起，告诉他们我为哪家公司工作，”他说，“我觉得我销售时的最大优点就是我能帮助客户挑选他们所需的机器。我的产品知识对我帮助很大。”

产品知识也是克拉克森 · 琼斯（Clarkson Jones）从事销售工作的基础。琼斯所在的公司卡罗来纳沥青专营高级停车场的维护和修复。有七年的时间，琼斯的工作就是监督施工以及操作重型机械。通过这段时间的工作经历，琼斯获得了颇多产品知识。由于他具备解决问题的能力，同时也能快速直接地帮助客户解决问题（99%的新一代销售员都有这个特点），琼斯与客户的关系越来越好。

就在几年前，琼斯意识到客户开始不再通过公司的销售人员而是直接找他下订单。为什么？“我猜可能是我对他们没有威胁，”琼斯说，“我是具体完成工作的人，服务很好，并且知道如何解决他们的问题。客户们自然会越来越喜欢我。”成为一名销售人员后，琼斯的生活有了很大的不同。“我并不怀念过去在工地上工作的日子，”琼斯说，“但是，如果没有当年亲自操作的经验，我可能无法胜任今天的职位。”

对于卡罗来纳沥青公司而言，去年是旗帜性的一年。而今年，琼斯的个人销售业绩正在逐渐超越公司史上最伟大销售员的业绩。

数千名像查德威克及琼斯一样的销售员正开始不断涌现。新一代销售员主要具备以下特点：

- 单纯进行销售，不会在背后搞小动作。他们真诚地进行销售。
- 不具有威胁性。他们看起来不像销售员，因此客户会放下戒备。
- 能提供帮助。他们不会进行强势推销。
- 能提供建议。他们个人经历丰富，知道哪种产品有用，因此能适时提供有益的意见和建议。
- 全套产品知识。他们能提供给客户做出明智决定或者解决问题所需的必要信息。
- 防止问题发生。他们的经验能让他们发现潜在的问题，提前防止问题的发生。
- 完全能胜任工作。由于他们能选择适合客户的产品，并且懂得如何使用及维护产品，因此产品一旦投入使用就会运作得很顺利。他们能够完全掌握整个局势。

你是否一边在办公室或者工厂工作，一边想知道自己是否适合做销售？如果你能对下列问题给出肯定回答，那么明天上午你就可以找销售经理报到：

- 你是否具备完备的技术或者产品知识？
- 你的薪水是否达到了上限？
- 你是否具备良好的人际交往技能或者与客户相处愉快？

如果你认为自己能做好销售，你的想法可能是正确的。不过，你必须愿意承担风险。

另外，那些没有亲身经历的销售人员——想办法亲身体验一下！不妨在公司的每个部门都工作一段时间。公司其他部门的员工将更尊重你，你也能更好地了解你的产品及同事，而你的客户也能从你新学会的产品知识里获益。你的收入也会获益颇多。

不妨在公司的每个部门都工作一段时间。

Devote some time to working in every area of your business.

“我通过与赢家交往学习如何成为赢家。”
——鲍勃·萨利文（Bob Salvin）

跟鲍勃·萨利文有什么关系？有很大关系

“当你把赌注放在自己身上时，你不会冒输掉的风险。”鲍勃·萨利文说。萨利文是种牙行业医用产品的国际经销商，其客户遍布50个州及27个国家。他是如何赢得的这些客户呢？

“我认为自己谦逊中不乏自信。我奉行欲取先予。如果我在拿下订单前就开始计算能签成几笔单子或者我能有什么回报，那么我总会输。我的理念就是首先尽可能多地付出，而最终我的收获肯定将远远超过我的付出——收获通常来自最意想不到的地方。”

鲍勃对市场营销的定义是让“对的人给你打电话。”以下是他的具体做法：

- 在展会上，向对的人分发数千份宣传手册。

• 在展会后，邮寄宣传手册。

• 要到优质潜在客户的名单，按名单邮寄宣传手册。

• 按照会议的预约与会名单，邮寄宣传手册——买家们把鲍勃加入了“必须拜访者”的名单之中。

• 向牙医邮寄大量宣传手册。

• 在牙医的诊所里，开设临床课程。

• 请授课医生推荐自己。

• 在会上或者展会上，与优质客户进行交流。

“我建立了地方、全国以及国际级的‘交错指导’网络。我同业务与我部分重合的人交流，在他们帮助我的同时也努力帮助他们。有时我给他们打电话——其他时候，他们则会给我打电话。我们不是直接的竞争对手，不过我们的业务在市场营销上却有重合的地方。我同制作宣传手册、组织展会以及经营分销中心的人都有交流。我从他们处获得我需要的信息，他们也从我这里获得他们需要的信息。”

“我通过与赢家交往学习如何成为赢家。”

“我们的市场营销工作里包括了很多直接邮寄活动以及展会活动。我知道要想成功，我必须充分利用这些线索。我也知道要把这些线索转化成订单，我必须脱颖而出。”

“人们喜欢买东西，”萨利文说，“但是客户都会从他们认识以及信任的人那里购买。每个牙医都有一个壁橱，里面存放了他以为他喜欢或者需要但实际上他并不需要的东西。我的目标就是永远不要让任何萨利文产品进入那个壁橱之中。医生的时间都非常宝贵且有限，因此我必须快速地获得他们的注意力，激发他们的兴趣，这样我就能有更多的时间。”

以下是来自鲍勃的更多宝贵经验：

• **我不会推销，我只是让客户购买变得更容易。**我会与潜在客户以及客户多次见面，并且提供免费咨询。

• **我为客户提供多层级多种选择。**我销售的每件产品都会推出多种选择：技术资料，技术资料以及视频演示，技术资料、视频演示以及 30 天的免费试用期。

• **我让决策变得简单。**你可利用空闲时间评估产品，在你的工作环境中试用产品 3 周。

• **我让退货变得简单。**不过，很少有人会需要这个服务。

• **我会使用“宠物狗”的营销策略。**“我们专业性很强的产品都会提供 30 天的试用期。30 个人中只会有一个人退回产品。这个数据有点儿误导性。来自选用我们产品的人的推荐将会远远超过退回产品的数量。我们同时还增加了视频培训资料，以提高签单成功率。”

• **为了赢下订单，我创造了多种方式。**“我创造了不同的益处、条款以及感知价值。潜在客户的舒适度对他们做出决定购买的选择而言至关重要。”

我为签下订单创造了足够多的信心，而这些信心将带来长期的订单机会。“我探索不同的沟通方式，以便能让客户在自我感觉舒适的情况下接收到我的信息。”

鲍勃 · 萨利文的产品并非一直都是价格最低，而他对此感到自豪。他对客户说：“首先，我想告诉你我们产品的价格，不过价格并非客户（4%是回头客）选择购买我们产品的原因。他们购买的是价值、延长的质量保证期、额外的优惠条款、灵活的支付方式以及优良的技术支持。他们购买的是产品、支持以及公司——他们愿意支付这个价格。”哇！

“关键不在于产品的价格，而在于产品能带来的价值。”

“我以我曾经见过的最特别的方式签订订单，”萨利文说，“我会邀请远在千里之外的客户共进午餐。”我说：“让我们一同共进午餐吧——在各自的办公桌上，通过电话线。我把产品（价值 1000~5000 美元）发过去，我们讨论各种可能性。在我们吃三明治时，我还在电话上给他做了个产品演示。我们销售的产品旨在提供最终解决方案，我们的价值中有很大一部分在于教会客户如何正确使用产品。”

为了让你的客户了解及购买你的产品，你有多少种方法呢？**以下列出了萨利文获胜的另外十种方法：**

1. 产品资料以及技术手册。
2. 培训视频。
3. 第三方推荐。
4. 延长保质期（出厂后）。
5. 终生保修。
6. 不满意可随时退货。
7. 培训。
8. 售前及售后支持。

9. 免费试用产品样品。

10. 产品修理期间出借替代性产品。

“通过消除失败的可能性，你为潜在客户购买以及现在购买提供了舒适的环境。在我的营销计划里，我消除了我的潜在客户可能会做出错误选择的一切风险。”

鲍勃·萨利文不仅有小聪明，还有大智慧。以下列出了更多萨利文的营销理念，可能对你有所帮助：

1. 努力把你做的每件事情做成量身定制。
2. 寻找超预期的服务方式，并且在对方开口要求前就把事情做了。
3. 即便潜在客户或者客户不会购买，也要让他们对你念念不忘。
4. 让你的潜在客户感觉足够舒适，从而愿意与你做生意。
5. 让客户开怀大笑。
6. 让客户因购买到你的产品而兴奋不已。
7. 了解客户最重视什么。
8. 给予潜在客户他们无法拒绝的选择。
9. 换个方式表达“感谢您的光顾。”

“通过消除失败的可能性，你为潜在客户购买以及现在购买提供了舒适的环境。在我的营销计划里，我消除了我的潜在客户可能会做出错误选择的一切风险。”

“在推销时，我会像南方人一样有礼。做每件事前我都会征求许可。”萨利文说。我问：“这样做行吗？”答案显然是行，因为萨利文的电话响个不停。

2008年最新消息：

萨利文牙科以及鲍勃·萨利文——快进15年。萨利文牙科以及鲍勃·萨利文仍在不断树立行业标准，与他们做生意仍然很容易。他们仍然在践行自己的诺言，积累着辛苦工作赢来的财富。

鲍勃仍在掌舵，不过他有一批出色且投入的人在经营着公司的战略部门。所有人都有“销售及服务”的态度。

为了使销售团队在竞争激烈的市场上脱颖而出，他们的公司雇ET——刚毕业的大学生，而非训练有素的有经验人士，教会他们创业技能，并且赋予他们与客户进行决策者与决策者对话的权力，而不是只让他们扮演销售员的角色。

鲍勃·萨利文只雇用久经考验且执行能力强的个人——他们态度良好，精力充沛，并且性格中不乏“闪光点”。萨利文销售团队的成员都是久经考验且执行能力强的个人——他们都曾是董事长俱乐部的成员，并且有良好的推荐人支持。为了获得推荐人的意见，如果应聘者是应聘职位的“星级候选人”，那么萨利文会致电应聘者的前雇主，接通语音信箱，留言请对方回复电话。

他们的目标是培养以及留住执行能力强的优秀人才。公司实施“无烟、无镜”的销售培训计划，并且参照久经考验且执行能力强的销售人员确定每位新进销售人员需要改进的地方，提供阅读和培训资料。

在培训销售团队时，公司会要求销售人员参加医生需要学习的手术培训课程。萨利文的公司每年提供240个可亲手操作的手术培训课程以及展会，其目的就是让销售团队站到优质买家面前。

就萨利文的公司而言，良好的服务最终为他们带来了长期的订单机会。公司内部客户服务流程的每个环节都致力于实现，即使客户在4点59分下单，公司也能在当天发出订单。

萨利文相信教育能使他拥有行业内训练最为有素的销售团队。公司经营的手术类用品产品线拥有900多件产品，他们可不想让一个什么都不懂的销售人员接待一个精通此道的客户。

萨利文的企业模式以及其对服务的投入使得他能与世界知名的思潮领袖合作，而这种合作又推动了整个行业的进步。

鲍勃坚持做到让他的客户在每笔交易中以及每次接触中都能得到超预期的服务。

鲍勃不相信语音信箱或者自动应答人员，他们从来不会使用前台接待或者电话过滤器浪费客户的时间。

每个客户来电在响完第二声后都会由一个有授权的真实客服人员接起。如果电话响到第四声，那么来电则会直接由公司的首席执行官、董事长或者全国销售经理接起。哇！

萨利文牙科的网站制作精良，并且高度重视各主要搜索引擎的作用。他们的目标是确保医生拥有能为病人带来最好疗效的工具。客户可以通过搜索关键字或者手术名称进行购物，也可以致电公司的销售团队，而后者则会与他们一起浏览网站并引导他们熟悉手术的每个步骤。

他们的宣传材料里包含来自业内最受尊重医生的产品使用心得及照片。这些都是免费的推荐。与多数公司将客户现身说法资料放在提案最后不同，他们会把这些资料放在宣传材料的开头，以便新客户立刻明白有许多其他人与他们一样选择了与萨利文牙科做生意。

鲍勃和他的团队将五分之一的时间都花在了从销售及行业角度培养员工，其中包括分享各种数据以便大家能更好地了解整个行业，而非只是他们的工作。

他们的目标就是把每一件事情都做到极致。而20多年以来，他们一直都在致力于实现这个目标。

这并不是鲍勃·萨利文的广告。99.9%的读者可能永远都不会需要萨利文的产品。我详细介绍萨利文的企业模式是为了便于读者自己的公司复制这个模式。每个公司都想培养一种销售文化——萨利文的公司做到了。每个公司都想培养一种服务文化——萨利文的公司做到了。每个公司都想让客户觉得与他们做生意很简单——萨利文的公司也做到了。

领会精神。

吸取经验。

复制萨利文的成功战略。

第十一部分
增加收入！

The Book of Numbers

11.1 数字记

成功之路

Up Your Income!
增加你的收入！

Numbers don't lie… and they don't make excuses.

Do you?

If you don't hit your numbers in sales, you're only doing a number on yourself.

The law of numbers is the law of averages combined with your ability to master the science of selling, help other people, and establish long-term relationships.

You got into sales because it had unlimited income potential.

Are you limiting yourself because you failed to commit to the dedication necessary to achieve "unlimited"?

Unlimit yourself!

数字不会说谎……
它们不会找借口。
你会吗？
如果你的销售额达不到目标，那么你只是在自娱自乐而已。
数字法则就是平均值加上你的销售能力、帮助他人的能力以及建立长期关系的能力。
你投身进入销售行业是因为这行的收入没有上限。
不过，你是否为自己设限了呢？你是否因为没有投入必要的专注而未能收获“没有上限的”收入呢？
解除为自己设下的限制！

销售成功是一个数字游戏，
也是一个魔法游戏。
你必须将魔法与你的数字结合起来才能有所收获。

成功之路

我将要给你一个公式和一个挑战。

如果你寻找的是一个魔法公式，那么不妨阅读一本介绍电影特效魔术师霍迪尼生平与时代的书籍。

而如果你寻找的是魔法，那情况就有所不同了。你拥有收入翻番所需的全部魔法，而你需要做的只是学会并实施一些魔法技巧。

以下列出了这套公式的理论支持。这些问题将有助于你了解自己的签单盈利能力：

- 你想每天或每个月签成多少笔订单？
- 你平均每笔订单的订单额是多少？
- 为了实现你的目标，你每天或每个月必须签订总计多少美元的订单？

• 你要见多少个潜在客户才能签订一笔订单？

• 我要回答这些问题需要掌握哪些数据？

想要在30天内达成目标？很简单——提高事情的紧迫度。全力以赴。我能给你提供喷气式飞机，但是你得给飞机加油。刚开始进入销售这一行时，我经常会拿起一份报纸，阅读其中的讣告一栏，直到我找到一个人与我年纪相仿。而后数天，我都会有一种屁股下面着火，坐立难安的感觉。

以下列出了这套公式里的12.5个元素：

1. **你的态度**。这是你成功的关键。现在就找到相关光盘资料，每天听上两小时，坚持半年。不要再做或者听负面的事情。

2. **你的目标**。今天就设立你的目标。再次阅读便签贴章节的七个步骤。现在就按照便签贴章节的介绍去行动。

3. **你的人际交往活动**。确定你的优质客户和潜在客户都在哪里聚会（行业组织、商会、俱乐部）。参加你能参加的每次聚会。很必要的一点就是你要保持定期参与。

4. **你的有效提问**。写下它们，学会它们，使用它们。

5. **你的有效陈述**。写下它们，学会它们，使用它们。

6. **你的销售工具**。确定你需要哪些工具，并找到这些工具。

7. **你的销售知识**。找到并学习有关销售知识的光盘。可与有关态度的光盘交替进行。一旦你听到一个解决方案，不妨立即将其付诸实施。这本书的每个章节都要阅读两遍。每天一章。

8. **万全准备**。你真的准备好进行销售了吗？如果你做好了准备，那么你一定能销售成功。而如果你尚未做好准备，那么你的销售就很难成功。准备不足的结果就是失败。

9. 跟进。坚持不懈且有创意的跟进有助于你最终拿下订单。

10. 你的订单量。确认保持储备满额所需的订单量。找到你的公式，并将其付诸实施。

11. 你的潜在客户储备。每天约见一定数量且有能力购买的潜在客户，以便你的潜在客户储备保持充实。收入翻番的关键就在于储备好足够多且愿意购买的潜在客户。

12. 全力以赴。写在纸上，并告知那些愿意帮助你的人。全力以赴是你对自己的承诺，要不惜一切代价做到这一点。

12.5. 自律。你达到目标及履行承诺的决心和能力。

销售界有句谚语："你成功的概率与你每天拨打的推销电话数成正比。"真理有时候就是这么简单。既然这么简单，那么你为何现在不做?

除非你能与一定数目的潜在客户见面并进行跟进，否则高超的销售技巧以及扎实的产品知识都无任何意义。

会见足够多的潜在客户就能充实你的潜在客户储备，会见那些马上购买或将要购买的潜在客户。

简单看一眼你的潜在客户储备就能发现你订单源源不断或者凋敝萧条的原因。

如果你约见了十个潜在客户，并对其做了产品演示，其中有两个人不管你做什么都会购买，另外两个人不管你做什么都不会购买，剩下的六个人则是骑墙状态——他们买与不买完全取决于你说了什么或者你没说什么。不管如何，推销都会成功。要么你把"购买"推销给他们；要么他们把"不买"推销给你。

你跟进时的习惯和技巧将影响你80%的订单。

归根结底，一切取决于你的自律能力。你的自律能力有多好？你的自律是否能保持始终如一？如果没有自律，那么你应该考虑在流水线上工作，因为你无论如何都不能在销售界取得成功。以下列出的这个示例公式将有助于你保持订单储备（以及你的钱包）充实：

1. 每天给十个新的潜在客户打电话。
2. 每周（最好在周一前）订立十个新的会面。
3. 每天打十个跟进电话。
4. 每天上午和下午各做一个大型的产品演示。
5. 每周四次请潜在客户或者客户共进午餐。
6. 加入两个行业或者相关组织。
7. 每周参加至少两次人际交往活动（你的优质客户及潜在客户最可能参与的活动）。
8. 准确记录每天的工作情况。

如果你不能记下你每天都做了什么，那么你的跟进能力将是零。你的销售日志（或者电子化的销售记录）应记下并汇总以下数据：

- 分类型（新客户、跟进电话）记录主叫电话。
- 今天跟进了几笔订单。

- 今天订立了几个新的会面。
- 今天出席了几个约会。
- 今天签下了几笔订单。
- 今天签下的订单额是多少。
- 今天收账多少钱。
- 今天赚了多少佣金/收入是多少。

重要贴士：为每位联系人建立独立的单据或文档。你的工作汇报应以每位联系人为基础，而非按照时间进行（你周二上午做了什么）。如果你的经理对于联系人管理仍然一无所知或者偏执地想要知道你每天每分钟都在哪里，那么不妨请他读一读本书的领导记一章。

你的联系人管理记录将告诉你你的每笔订单都处在销售的哪个环节。

不妨尝试回答以下问题——答案将反映你取得销售成功的潜力有多大。

- 你有每日最抢手潜在客户名单吗？
- 你每天签订（以及记录）的订单数是否足以让你实现自己的销售目标呢？
- 你的销售储备（能够转化为订单的潜在客户储备）是否充实？
- 你正在争取的潜在客户有多少个？（应该在100个以上。）
- 你接触的潜在客户数是否足以让你完成下月的销售目标？如果不能，那么你的销售储备并不充实，不是吗？回头重新阅读前述构成公式的12.5个元素。

他们对你的订单储备（以及你的成功）而言至关重要。

你知道应该做什么，那么你为何不去做呢？以下列出了你不去做的部分原因（答案在括号里）：

- **你缺乏指导，不知道如何做。**（培训不足。尽快接受一些较好的培训。）
- **你很懒惰。**（找份新工作。）
- **你的工作习惯不好。**（转换工作方式，坚持30天，你就可以改掉这些习惯。）
- **老板不好。**（不要将失败的责任推卸到他人身上。如果你有足够大的决心想取得成功，那么这并不能构成你失败的原因。）
- **没有汇报体系或者汇报体系无效。**（找一台笔记本电脑，或者做一个表格，每天进行自我汇报。）
- **薪资待遇太低、太差或者不公平。**（换个工作。）

如果你每天、每周、每月……都对足够多的潜在客户进行了会面或拜访，那么你的销售储备将会逐渐充实。而充实的销售储备将为你带来你根本无法想象的订单量。

你每天都会用牙线清洁牙齿吗？你知道你应该每天都这么做，但事实上你没有。你并不会发现牙齿在被一天一天地腐蚀，直到一切已经为时已晚。最终，你的牙齿就会全部脱落。

如果你能每天保持用牙线清洁牙齿，那么你的牙齿将保持完美。这一道理同样适用于每天保持跟进订单。如果你不能做到这一点，你的储备资源将会日益枯竭。

每天充实销售储备并保持订单跟进，那么你的销售业绩将会完美无瑕。

想要证明吗？回顾一下你销售业绩最好的那一周，看看那周的销售数据。我保证，如果你每周都能保持同样的销售数据，那么你的销售额（以及收入）就会居高不下。

而实现这一切，需要的是毅力以及努力工作。这就是成功的魔法。你可以找任何一名魔术师求证。

第十二部分
上帝是否庇佑我？!

The Book of Exodus

12.1 出埃及记

父亲无意中教会了我成功的秘诀

全力以赴！

Let my money go.

不要紧抓住我的钱。

Exodus was the road to freedom.

The end of *The Sales Bible* is really the beginning. The beginning of a revolution in your sales career.

It's a Sales Crusade, and you are your own Sales Crusader.

You're on a journey to personal sales success.

Others won't do it for you, but others will help you, if you help them first.

You have the opportunity to take the wealth of information you've gotten from this book and turn it into a fortune.

I hope you do.

《出埃及记》是通往自由的道路。

《销售圣经》的结束其实是个开端——你销售生涯里的一场革命就此开始。

这是一场有关销售的十字军东征，而你是自己的十字军战士。

你正在通往个人销售成功的道路上。

其他人无法替代你，他们只能帮助你，前提是你需首先帮助他们。

你有机会利用这本书中所蕴含的财富，将其中的信息转化成为你自己的财富。

我希望你能抓住这个机会。

父亲无意中教会了我成功的秘诀

如同你的父亲一样，我的父亲也为我树立了榜样。有时候，是好的榜样；有时候，则是坏的榜样。不过，每次父亲树立榜样时，我都会注意到，并且会决定长大后是否效仿。

以下是父亲的一些想法，供大家思考：

不要让律师或者贪婪影响你对于经营企业的良好的判断力。1960年，在成功经营15年后，我父亲的工厂被一场大火烧成了平地。我们都震惊得不知所措。两天后，保险调查员带着一张75万美元的支票来到了我们家，用以支付火灾损失以及帮助父亲重建企业。当时，父亲的律师把父亲拉到了一旁，说他认为我们能得到100万美元的赔偿，并且要求父亲拒绝保险公司的赔付提议。父亲选择了争取100万美元赔偿。三年后，父亲最终获得了33万美元的赔偿，其中三分之一被用以支付律师的佣金。我从这件事情中学习到的教训是：律师给予的是法律建议，而非企业经营建议。有损失发生时，你需要尽快止损，并开始重建你的生活。在我失败时，这些教训对我的帮助很大。

提供简单的解决方案。一天晚上，我的弟弟在他的单人床上翻了个身，结果掉在了地板上。于是，他下楼大力敲响父母房间的房门。“爸爸，我从床上掉下来了。”弟弟抱怨着。“儿子，再爬回床上。”父亲回答道。

最简单的解决方案通常也是最好的解决方案。不过，如果你的注意力都放在问题上，那么你很难发现最简单的解决方案。

一万美元也不能解决问题吗？从大学回到家时，我的情绪有时会有些低落。有一天，正当我一脸阴郁地大力锤门时，父亲问道：“儿子，有问题吗？”“有一些。”我嘟囔着。“一万美元也解决不了的问题吗？”父亲问道。我的整个情绪立即发生了变化。“不是。”我答道。我同时意识到其实我并没有任何问题。

一万美元也不能解决问题吗？当你下次再哀悼你的悲惨命运时，不妨自问这个问题。如果 1 万美元（或者更多）能解决问题，那么你其实就没有任何问题。

“In the end...
There is only one point
of view that matters.
There is only one
perspective that matters.
There is only one
perception that matters.
The customer's."

– Jeffrey Gitomer

“归根结底，重要的只有一种观点、一个角度以及一种感知——
这就是客户的观点、客户的角度以及客户的感知。”

——杰弗里 · 吉特默

全力以赴！

在过去的40年里，我一直在进行自己的十字军东征——努力成为世界上最好的销售员（现在则是最好的销售员培训师）。当我第一次意识到销售是一门科学，包含着一套可以通过学习获得且可复制的技巧（我可以根据自己的风格及性格调整这些技巧）时，我就（在石头上）写下了这个目标。我知道如果我能做到最好，那么我就能达成任何心中所想之事。当我把销售这门科学与自己的态度和幽默感结合起来时，我就找到了通往巨大成就的大门。

当我把销售这门科学与自己的态度和幽默感结合起来时，我就找到了通往巨大成就的大门。

通过本书以及其他我的著作，我希望能引导读者获得同样的成就。不妨花半小时阅读一些有关十字军东征的资料。十字军东征并非仅是一场宗教战争，还是一群人满怀激情地追寻自己的信仰之战。他们最终破除万难取得了成功。你呢？

销售并不是宗教，而是一种生活方式。销售不应消费你的生活。你不能崇拜销售，而是应该将其融入你的生活之中。当然，你销售的产品或服务首先应该令你满意，之后你才能够令他人满意。投身销售工作能改善你的生活，同时也能让你以穷尽生活最大潜力的方式生活。

收入翻番并非痴人说梦。如果你有决心、有毅力，那么以下这些原则将助你实现心中所想。

以下 11.5 条原则将指引你进行自己的销售界十字军东征。

1. 培养并保持积极的态度。大多数人都认为自己有积极的态度，其实他们没有——而且通常还差得很远。在厄尔 · 南丁格尔富有传奇色彩的录音《最奇妙的秘密》中，他讲述了积极态度的秘密。“心中所想将成为现实。”不过，积极的态度是一种全力以赴的自律，并且需要你每天练习。人们不明白态度的精髓并非感觉——而是一种自我诱发的心理状态。

你完全可以自我掌握，你的态度完全由你决定。你的态度与金钱、成功或者你的身上发生了什么事情完全无关。**你的态度是你全力以赴要形成的思维方式**，只是你需要每天提醒自己坚持练习。你如何养成积极的态度呢？与积极的朋友、积极的想法为伍。阅读积极作者的书籍以及倾听积极讲者的发言。相信自己能做到。如果别人告诉你，你是个疯子，那么不要听信他们——他们是在嫉妒你。现在就开始，并且每天坚持练习。

2. 设置目标，并且全力以赴实现目标。

- **制订计划**——如果你的目标就在面前，那么击中它们很容易。是否能够击中目标取决于你的专注度。你的专注度越高，就越容易射中靶心。

• **全力以赴**——你的计划更多是关于哪方面，度假或者生活？如果你不能在情绪上、身体上、精神上以及信仰上全力以赴追求成就，那么很有可能你就无法实现成就。

• **自我满足**——详细列出目标实现后可带来的好处，并随身携带清单。实现目标能为你带来令人难以置信的自我满足感、成就感以及使命感，同时还能激励你整装待发去实现下一个目标。

重要贴士。确定每日工作量。工作量需可衡量且可完成。分详细步骤确定你每天需要做多少才能实现你的目标（每日几美分、每日几盎司、每日几磅、每日几个电话、每个订单多少钱），并且每日按计划完成工作任务。

3. **全力以赴，掌握销售这门科学。**每天学习有关销售及心态的新知识。以新知识填充你的头脑将有助于你拿下下一笔订单。如果你想成为销售专家，那么每天学习一个新的解决方案，一年下来就能积累 220 个新解决方案。如果坚持五年，那么你就能掌握 1，000 多个解决方案。你每天只需做一点儿小事，长久积累下来其成果也是惊人的。如果你每天只拿出 15~30 分钟学习有关销售的新知识，并努力树立积极态度，那么五年后你将成为销售大师，同时也会树立对生活的良好态度。

4. **设计人际交往计划，并将其付诸实施。**制订五年计划，明确你想结识哪些有助于你业务发生的人，并让他们认识你。人际交往是增加订单及提高个人地位的最迅速且最万无一失的方法。

5. **成为领导者。**寻求并努力争取领导者地位。主管委员会，对市民组织发表演讲。为当地报纸撰稿。人们愿意与领导者做生意。

6. **积极参与社区活动。**选择参加一个值得你花费时间的慈善或社区组织，并进行捐赠。你的成就及声誉都会因此更有影响力。更重要的是，能够帮助他人也会让你自我感觉良好。

7. 在登门拜访前，了解潜在客户及其企业的信息。掌握必要的信息以便让每次约会都能给对方带来冲击力。不妨使用以下衡量标准：询问买家只有他或者她才能回答的问题。

8. 你所做的一切都要让人印象深刻。每次登门拜访都要设计小创意。要敢于实现自己的梦想及目标。你的工作及全力以赴将激励他人。你的话语将被人谨记，因为你已实际行动践行了你的承诺。在你离去后，他们还会谈论你吗？

9. 助人为乐。你的销售过程需要以此为基础，因为这将有助于你引导客户积极行动，积累足够多的信心去购买你的产品。帮助他人这个理念还有个衍生分支：帮助他人介绍业务。这么做的效果可以媲美任何你能想象得到的销售工具。

10. 保持专注，寻找机会。保持专注有多重要？1982年，在参加完一个运动服印花展会后，我来到了达拉斯机场，当时我注意到了一个来自T恤制造公司的我认识的人。他正对着自动取款机大骂——好像是机器吞了他的卡。他看起来很绝望。于是，我走上前去，重新介绍了自己，了解了一下情况，然后借给了他100美元，这样他就有钱搭飞机回家了。两天后，他寄给了我一张100美元的支票以及一张致谢便签。原来他是那家T恤制造公司的董事长。两个月后，他打电话给我，询问我是否有兴趣为1984年奥运会的服装印花，因为他得到了生产里维斯服装的分销权。我们当时拥有业界领先的印刷装备。因此，我说："当然。"他把服装印花的整个合同都给了我——共计16万件服装，价值75万美元，这都是因为我当时在机场有注意观察。另外，这也源于我"助人为乐"的生活哲学。

11. 与所有人建立长期关系。如果每次销售时你都寻求建立长期关系，那么你肯定能保持正直、真诚、诚实以及为客户提供最好的服务。建立长期关系是成功销售的先决条件。务必与你的客户分享这条理念。

11.5. 享受工作。不妨看一下任何领域内的成功人士：他们的一点共性就是他们热爱自己的工作，他们满怀感情和激情（令人羡慕以及有传染性）投身于工作之中。你有多享受自己的工作?

THEY LOVE WHAT THEY DO

任何领域成功人士的共性就是他们热爱自己的工作。

The most successful people in any field they have in common is that they love what they do

“I hope all your appointments are one-call closes that lead to long-term relationships.”

– Jeffrey Gitomer

“我希望你的所有约会都成为一次性敲定一笔订单，
并且由此建立长期的合作关系。”

——杰弗里 · 吉特默

后记
当我长大以后

一直以来，我都想成为一名商人、一位企业家，如同我的父亲一般。大学时，我决定每天开车上学而非住校就是为了能离家以及父亲的生意近一些。

我的母亲佛劳伦斯（Florence）于1986年过世。对于母亲，我最美好的记忆就是第一天去大学（天普大学）报到时，我倒车出库，母亲在后面追赶着我的车，一边追一边大声喊着："选医学预科，反正你随时可以换专业的。"然而，我想成为一名商人，如同我的父亲一般。

大学时，我每天都会与同窗好友迈克·托尔（Michael Toll）玩拼字游戏，结果经常是他赢我输。从游戏里，我学会了很多单词以及他们的用法。不论是在体育还是智力游戏中，迈克都是我的竞争对手。他很乐意告诉大家他什么都比我好，而我则认为我一切都比他好。这很有意思。我们很少学习。

六年后，我最终还是退学了。我到欧洲旅行了一年（后来意识到世界如此之大，而我所知却是如此之少，这很有趣，因为动身去欧洲前我以为自己已经无所不知）。回来后，我成立了自己的公司（生产豆袋椅——一种可变形的坐垫），同时也组建了家庭（1972年，我有了一对双胞胎女儿）。

有一天，杰伊 · 普拉斯基（Jay Plasky）和巴顿 · 科恩（ Barton Cohen）这两位大学好友来到了我的办公室，向我大谈特谈他们的发财经。听起来好像是他们认识了一个叫作格伦 · 特纳（Glenn Turner）的家伙，而这个家伙有办法说服人们拿钱出来投资，至于投资项目是什么我当时却不是很明白。不过，结果是所有人都赚了钱——很多钱，而且他们态度都很乐观。几经周折，杰伊，巴顿和我三人开始了一个多层级营销业务（当时的金字塔式传销）。

每天从早八点到中午，我们都会接受销售培训。我们利用可获得的一切资源学习如何进行推销，包括磁带、书籍、电影以及讲座。为了收集所需要的信息，每位销售专家的资料都反复播放。没有人知道一切，不过每个人都知道一部分。拿破仑 · 希尔（Napoleon Hill）的《思考致富》（*Think and Grow Rich*）是必读书籍，我们对其进行了逐字逐段的仔细分析。态度和销售技巧成了我的生活。

我的朋友们当时都认为我疯了，现在依然有些人这样认为。格论 · 特纳的电影《挑战美国》（*Challenge to America*）当年我看了200多遍，很可惜现在已经找不到这部电影的视频了。我看到过的最棒的推销宣传就是在这部电影里。我记下了整个推销演讲和所有的故事。

我成了一个推销员。我的第一个目标就是成为世界上最棒的推销员，而现在每天我依然在为实现这个目标而努力。

我同杜克 · 道尔顿（Duke Daulton ）及巴德 · 梅西（Bud Massey）一起在

佛罗里达开了一个生产T恤衫的工厂。我们取得了巨大成功以至于都没人想当公司的董事长了，我们都想成为国王和皇帝。不过，最终我们的工厂还是倒闭了，因为我们对于所做的一切都太过斤斤计较了——谁做了什么，做了多少。当时我发誓我以后绝对不会再如此锱铢必较了，而我也的确做到了。杜克和我继续合伙，两个人都成了咨询业的传奇（至少我们自己这样认为），我们玩儿得不亦乐乎。

我曾做过数以千计的推销演示，面对过不计其数的潜在客户，既包括财富500强大企业的董事长们，也包括没有工作的求职一族。我曾经多次取得了巨大的成功，也经历过巨大的失败。也许是机缘吧，最后我来到了北卡罗来纳的夏洛特重新开始。

我面临的第一个挑战就是学会慢下来。我必须改良在纽约（事实上是费城）快速的生活节奏，使自己适应这座南方小城的舒缓与文雅。这花了我六个月的时间。在此期间，我遇到了世界级的企业家琼·齐默尔曼（Joan Zimmerman）。她对我说："夏洛特是一个你可以影响的城市。"哇！多么有力的说明。我决定留下来。

我开设的每周专栏《销售技巧》改变了我的生活。它给了我一个可以跟大家分享销售知识和秘诀的平台。15年来，我坚持每周都会写一篇。这个专栏帮助我树立了自己的品牌，同时我也开始发行自己的电邮杂志《销售咖啡因》——这本杂志现在已经有超过30万人订阅。另外，当我筹备写书时，我的这些工作经历还提供了丰富的素材。当我回顾过去试图看清现在与未来时，过往的这些经历给了我很多新的灵感和思考。用四个字来形容写作就是：写作致富。

我的父亲麦克斯（Max）已经离世，他教会了我写作。他以自己成功和失败的经验教会了我很多东西，然而他的写作方式一直让我很喜欢——用词简洁，达意清楚。

麦克斯（Max）是完美的企业家。青葱岁月里，我经常在周四晚蹑手蹑脚地下楼，偷听父亲和朋友们玩儿皮纳尔扑克。房间内回荡着关于生活和生意的辩论和笑声。我人生的目标就是由此而树立的。我的朋友杜克 · 道尔顿说："知道我最讨厌你爸爸哪一点吗？他总是对的。"

感谢父亲将他的智慧传授给我，虽然他 30 多年来一直斥责我从不听话。父亲，谢谢你。我爱你。我想念我的父亲和母亲。

我的兄弟约什（Josh）则教会我如何修改文章。他对文字很敏感，知道如何恰当使用，也很有天分，知道如何教导别人。他告诉我哪些不必要的字词令我的文章达意不清，而删掉这些字词百分之百的能让我的表述更清楚。

我的子女埃里卡（Erika）、史黛丝（Stacey）和丽贝卡（Rebecca）则教会了我耐心。他们也给了我直面失败、争取成功的动力。我的公主们，我爱你们。

我的孙子、孙女们摩根（Morgan）、朱莉娅（Julia）、克劳迪娅（Claudia）和伊莎贝尔（Isabel）则令我重新认识到了无条件的爱及不封顶的预算。

最开始写《销售圣经》一书时，我的生活正在重生。我不想细谈这个话题，只想说当时我很痛苦——身体上、精神上以及经济上都很困难。身处如此困境时，唯有积极的态度可以给你必须的坚持和韧性。

当我孤身一身时，陪伴我的是积极的态度以及我的爱猫利多。

自开始写《销售圣经》以来，我额外成熟了 15 岁，而且我也明白了成熟与老去之间有着细微的差别。

很幸运，我的生活中总是能遇到一些影响我的人，他们改变了我的生活。

与我的兄弟约什重逢就极大地改变了我的想法和生活。我找到了不可或缺的事业伙伴，可以真正坦诚交谈的朋友。我们可以一起旅行，一起修书。杰西卡 · 麦克杜格（Jessica McDougall）是一位出色的年轻女性，老成持重 。我感谢她给予我的友谊和帮助。

我的目标就是帮助他人，做自己喜欢的事，发展长期的朋友关系以及享受生活。每天都要如此。

你的过去和现在对未来而言至关重要

你要去哪里？

不，我不是在问你要去哪里进行下一次约访，也不是你要去哪里吃晚饭，更不是你要去哪里逛街。

我问的是：你的人生将要走向何方？这是一个很大的问题，因为它关乎你的未来。

上个月你没完成销售额吗？去年呢，为什么没完成呢？又在埋怨经济不景气？又在归咎于激烈的竞争？销售额到底是什么？销售额是他人为你设定的目标。那么我想问：你为自己设定的目标是什么呢？当他人为你设定销售额时，你为什么不为自己定下双倍的目标呢？这样你就能轻而易举地完成销售额了。一切皆取决于你看问题的角度。

知道吗？要么你就是在为自己设置障碍，要么你就是在跨越障碍。

每年我都会试图规划一次未来，通常是选在我开始写作生涯的纪念日。今年是我写书的第十七个年头了。多年以来，这个纪念日给我深入反思提供了很好的机会，因为写书和出书是我成功的支点。

这不仅仅意味着我自己功成名就，同时我也为世界各地的销售人员——当然，还有我的孩子和孙辈们——留下了宝贵的经验和遗产。

我的写作每周都会提出新的销售知识，这对于同你一样的销售人员都很有裨益。更为重要的是，写作还教会了我自律，让我有机会整理思绪，这为我演讲和写书打下了很好地基础。

如果你真的想知道你的未来在何处，你需要首先了解你过去及现在。你的过去给予了你知识、经历、成败、机会以及困难。你的现在指的是最近 30 天发生了什么，今天发生着什么以及未来 30 天又将发生什么。你的未来则综合了你的经历、是否善于把握机会、你的目标和梦想、是否勇于承担风险以及你的决心和专注。

简而言之，可以划分为以下易于理解的 3.5 类：

1. 你的过去

2. 你的现在

3. 你的潜能

3.5. 你的未来

你的过去指的是你的人生经历，是你的知识、智慧、经验、成功及失败的总和。如果你仔细回顾过往经历，你能发现，有一些东西是你曾经非常想要但却未得到的。当时你觉得很沮丧，不过现在看来，你却无法理解当时为何想要那些东西。你也能发现有一些东西是别人给你或者你努力赢得的，不过一旦你得到了他们，你马上就对他们失去了兴趣。另外，更为重要的是你还能发现一些东西是你真心喜欢的，并且他们也影响了你的生活。你回顾曾经冒过的风险，想着如果能重新来过，你可能会有不同的选择。而所有的这一切则促成了你的现在。

你的现在是指的是你当前的状态。你是否达成了昔日的目标？你对当前的生活是否满意？你是否将自己不够成功的原因归咎于他人？你找到自己的目标了吗？甚至，你知道自己的目标是什么吗？

我们当中有些人还未找到自己的目标，但这并不意味着他们要停止寻找。我直到 45 岁才开始写作。如果你更年轻，并且明天就开始写作，那么 13 年后你将会超越我。

我现在正在教我的孙女写作。50 年后她也会超越我。

你的现在为你提供了最大的机遇。你需要明智地选择如何分配时间和金钱。时不我待，行动就在现在。现在就去冒险，就去追求心中所想，就去接受教育，就去学习探索。如果你做到了这些，那么将来你或许会取得一直追寻的成功。

许多人都认为高中或大学毕业以后就无需再学习。除非你成交的关键问题简单的就像："产品是纸的还是塑料的？"否则你必须不断学习。

成功不会凭空出现，而是源于努力工作及专注于现在。而你一直在寻找的那只

狡猾的可以实现一切的指环其实就在你身上。这就是你的潜能。

你的潜能指的是你的梦想、目标以及奇妙的缘分。有些事情并非目标，只是在不断演变。而在演变过程中，你就能逐渐发现心中挚爱。如果你喜欢一件东西，那么你就无需将其设为目标，因为不论如何，你都会倾尽全力，将可能变成现实。

你的潜能源于你的努力工作、乐观态度、激情热情、专注于成功以及不因小事动摇对于梦想的追求——即使这意味着你需要冒着一切风险。

许多人在挣扎中都会找到我，说："杰弗里，你不明白。"接下来他们就会大倒苦水，谈他们的个人处境、财力、他们的另一半以及孩子。

我很明白。人们不愿拿已经得到的东西来冒险，只为去追求心中一个虚无飘渺的理想。不愿冒险中最差的部分就是遗憾后悔。后悔自己没有尝试，不曾去追求，或者没有做应该做的事。

也许你应该读一读《绿野仙踪》这本书或者看看这个电影，思考你一下它对你的生活能有什么启发。还记得多萝西的同伴们在寻找什么吗？ 勇气、智慧和情感。你一直都是知道这个公式的，只是从来都没有用过。而除了极少数的特例外，你现在都已经不在堪萨斯了。

而当你能够融合过去、现在及潜能时，你得到的就是你的未来。

我的一位朋友教会了我宝贵的一课。保罗 · 霍利（Paul Homoly）博士曾对我说："你想成为怎样的人，你就要以怎样的方式进行思考和决策。"这句至理名言对我有很大的启发，以至于我现在每天依然都会想到它。我的成功中有很大一部分都可以归功于这句话。也许在你追求卓越的过程中，你也可以使用这句话。

请允许我给你一些逆耳忠言。接受教育，努力追求，不惧失败，把握机会，培养自律，倾尽全力，成为一个赢家。永远铭记放在第一位的是自己，其他的一切都是二位的。

其实，这并非一个公式，而是一种哲学。正是哲学可以指引你从现在走到你心中想去的地方。

祝你追梦之路平安喜乐、顺利成功。保持联系。

你或你的团队需要更多的订单吗?

我提供现场演讲及培训课程服务。欲知详情或需要我的帮助，请拨打我的办公室电话 704-333-1112，您将受到热情友好的接待。您也可访问我的网站 www.gitmorer.com。

我将为您的销售团队量身定做培训课程。我将寓教于乐，更为重要的是教会他们如何销售。

我将针对您的销售环境量身定制培训演示。我的课程设计将完全针对您的公司、您的产品、您的客户以及您在现实销售环境中曾遭遇过的拒绝。

我的材料即学即用。你的团队可以直接拿着我的材料找到潜在客户推销，当天就可以成交。

自我培训： 你也可享受免费培训课程。在有高速网络接入的情况下，注册成为 www.trainone.com 网站的会员。登录网站，即可观看演示视频。赶快行动吧，否则你已经输给了竞争对手。

培训课程不仅经济实惠，而且立竿见影。更重要的是，还十分有趣。

请拨打我的办公室电话 704-333-1112，您将受到热情友好的接待。

《销售技巧》专栏已有 400 万读者：如果你当地的报纸没有刊登我的专栏，那么给他们打电话："嗨，找到吉特默，登一下他的每周专栏《销售技巧》。全国各地的销售人员都从中获益良多。现在就去找他！"你就是我的当地销售力量。我需要你的帮助才成实现 2020 年前读者破千万的目标。

作者。杰弗里 · 吉特默的著作如下：《纽约时报》畅销书《销售圣经》、《销售红宝书》、《人际关系黑宝书》以及《积极态度金宝书》。吉特默的全部作品都曾高居亚马逊畅销书榜首，包括《客户满意度不值一文》、《客户忠实度无价之宝》、《帕特森销售法则》及《销售释惑红宝书》以及他的最新畅销书《随心所欲绿宝书》。吉特默著作的销量已达数百万，遍布世界各地。

每年百余场演示。吉特默举办公开和企业讲座，组织年度销售会议，同时也开设关于销售、客户忠实度及个人发展的现场和网络培训课程。

大企业客户。吉特默的客户包括可口可乐、DR Horton（美国最大的房地产开发商之一）、宝马、Cingular Wireless（美国第二大无线运营商）、马基高高尔夫公司、弗格森建材家装公司、金普顿精品酒店 、希尔顿、Enterprise Rent-A-Car（北美最大汽车租赁公司）、AmeriPride快递公司，美国全国现金出纳机公司NCR、证券、保险及商品交易商Stewart、康卡斯特（美国最大的有线电视公司及仅次于AT&T的美国第二大互联网服务供应商）、时代华纳有线、美国利宝相互保险公司、美国信安金融集团、美国富国银行、 浸会医疗保健机构、"蓝盾"医疗福利协会、嘉士伯、瓦绍保险公司、西北互助人寿保险公司、美国大都会人寿保险公司、美嘉斯波运动装备、葛兰素史克、AC尼尔森、IBM、纽约邮报等数百家。

每周面对数百万读者。杰弗里的专栏《销售技巧》在多家报刊上同时发表，包括美欧的数十家财经杂志和报纸。每周读者超过 400 万。

销售力量现场秀。杰弗里是销售力量现场秀的主持人和评论员。销售力量现场秀每月一次，用户需订购才能观看。世界各地关于销售和个人发展的权威专家共聚一堂，与观众分享他们的真知灼见。

互联网。杰弗里的网站www.gitomer.com和www.trainone.com令人惊艳，每周来自读者和学员的点击量超过十万。杰弗里（Jeffrey）与时俱进的网站建设和电子商务能力树立了行业新标杆，同时也受到了来自客户的广泛赞誉。

一对一在线销售培训课程。登录网站www.trainone.com，即可获得在线销售培训课程。课程内容带有鲜明的杰弗里特色：有趣、实用及源自现实生活。学员可即学即用。在量身定制的在线培训课程中，杰弗里（Jeffrey）的一对一在线销售培训课程处于领先地位。

《销售咖啡因》。杰弗里的电子周刊《销售咖啡因》每周定时叫醒你的销售神经，于每周四上午向 25 万订阅用户免费发放。经由《销售咖啡因》，杰弗里与职业销售人员之间及时交流有价值的销售信息、战略及解决方案。欲知详情，请登录www.salescaffeine.com。

在线销售技能评估。作为世界上首个销售技能定制评估方案，“成功评估”不仅会基于销售能力的 12 个关键方面对你的销售技能进行评估，同时还会生成包括了 50 个小型销售课程的诊断报告。诊断报告是一个令人惊艳的销售辅助工具，因为不仅会给出你的销售技能评分，同时还会为你量身订做销售技能成长方案。杰弗里（Jeffrey）将其形象地称为“解密成功”，因为只有你了解了自己，你才有可能知道如何成功。

演讲能力卓越奖。1997 年，杰弗里（Jeffrey）接受了由美国全国演讲者联合会授予的执证专业演讲者的证书。执证专业演讲者是由美国全国演讲者联合会颁发的最高级别证书，在过去的 25 年里只有不到 500 人获得。

杰弗里·吉特默的其他著作

《发财致富白金手册》

（金融时报出版社 2007 年出版）

《随心所欲绿宝书》

（金融时报出版社 2007 年出版）

《乐观态度金宝书》

（金融时报出版社 2007 年出版）

《人际关系黑宝书》

（巴德出版社 2006 年出版）

《销售解决方案红宝书》

（金融时报出版社 2006 年出版）

《销售红宝书》

（巴德出版社 2004 年出版）

《客户满意度不值一文，客户忠实度无价之宝》

（巴德出版社 1998 年出版）